AF395831

à monter
sur onglet

RECHERCHE
DES ANTIQVITE'S
ET CVRIOSITE'S
DE LA VILLE
DE LYON,

Ancienne Colonie des Romains
& Capitale de la Gaule
Celtique.

*Avec vn Mémoire des Principaux Antiquaires
& Curieux de l'Europe.*

A LYON,

De l'Imprimerie de IAQVES FAETON.

M. DC. LXXIII.
Avec Permiſſion des Superieurs.

A MONSIEVR

MONSIEVR DE CARCAVY,

cy - devant Conseiller du Roy
en son grand Conseil, & Garde
de sa Bibliotheque.

ONSIEVR,

Ie croy qu'on ne sçauroit mieux dedier les
Antiquités d'une des Principales Villes du
Royaume, qu'à celuy qui est l'Intendant de toutes celles du Roy, & qu'il est iuste de presenter
des Inscriptions & des Médailles Antiques, à
ceux qui les connoissent le mieux. Ces deux
raisons jointes à la grace que vous me fites lors
que j'étois à Paris, de me donner souvent l'entrée du Cabinet de Médailles de sa Majesté,
m'a fait prendre la hardiesse de mettre vôtre

                    nom

EPITRE

nom au devant de ce petit Recüeil. Ie confeße,
MONSIEVR, que le peu que j'y voy de
mon induſtrie, me devroit empêcher de vous
l'offrir, & que n'étant confiderable, que par
vne matiere que vous connoiſſez à fonds, ie
ne dois pas pretendre de vous en faire preſent. Ce n'eſt pas auſſi mon deſſein. Mais
n'ayant pû reſiſter à deux charmantes paſ-
ſions ; l'Amour de ma Patrie & celuy des
Antiquités, j'ay eſperé qu'en même tems
que j'en donnerois des marques à tout le Monde, vous accepteriés auſſi celle de ma reconnoiſ-
ſance, qui ne ſera pas à la verité proportion-
née aux Faveurs que j'ay receu de vous:
mais il eſt des obligations qu'on eſt bien - ai-
ſe de ne pas payer entierement, bien que la
choſe fut en noſtre pouvoir, & il eſt plus hon-
nête de ſe reconnoître toûjours redeuable à
des Perſonnes de vôtre rang & de vôtre mérite, que d'avoir l'ambition de vouloir acqui-
ter ſes debtes, quand même on n'en exige point
le payement. Au reſte, MONSIEVR, quoy
que ie n'aye point épargné mes ſoins, j'ap-
prehende que vous ne trouviés pas tout ce
que le tiltre des Antiquités de Lyon ſemble promettre : en ce cas - là, ie vous ſup-
plie de conſiderer que les moindres reſtes des

bonnes

E'PITRE.

bonnes choses sont inestimables : & que le prin-
cipal motif que j'ay eu de mettre sous la Presse
vn Receüil que j'avois du commencement fait
pour mon vsage particulier, a été de té-
moigner à mille Curieux qui le pourront
voir, la passion que j'ay de me dire en au-
tant d'endroits du Monde avec toute sorte
de respect,

MONSIEVR,

A Lyon ce 30.
May 1673.

Vostre tres-humble & tres
obeïssant serviteur
I. SPON. D.M.

ij 3   PREFACE.

PREFACE.

JE ne pretens pas faire une Histoire de Lyon. Il faut trop de lumieres, trop de peine, & beaucoup de facilité à écrire, pour entreprendre des semblables ouvrages. Tous les siecles ne produisent pas des Genies, pour l'Histoire, comme celuy de M. de Thou.

Quoy que *Paradin* ait eu du merite, de la Curiosité, & de la Lecture, on n'a pas laissé de treuver à redire sur beaucoup de choses qu'il a avancé dans l'Histoire de cette Ville, *& de Rubys* sur tout, qui semble vouloir établir sa reputation, sur la ruine de celle de Paradin, & qui a neanmoins commis des fautes plus grossieres que celles qu'il luy reproche; lors qu'il dit que Caracalle, Heliogabale, & Alexandre, étoient tous trois des enfans de Seuere, & en vn autre endroit, où il prend *Bibratte* pour *Bosledu*; il ne faut pas être trop versé dans l'Histoire pour sça voir que c'est la Ville d'*Autun*.

Le P. S. *Aubin*, à aussi composé une Histoire de Lyon, qui semble un Sermon ou un Panegy-rique Perpetuel, tant il a eu soin d'accabler le Lecteur de Fleurs de Rhetorique.

Le R. P. *Menestrier* a fait un Eloge historique

de

de Lyon, où la gloire & la puiſſance du Conſulat
étoit aſſés ſolidement établie, ſans en chercher
l'Origine plus haut que nos Roys, chez les Romains : car cette Inſcription citée par *Gruterus*,
où il y a Legato Imp. nervae. traiani.
Caesaris. Avg. germanici. dacici Provinciae. Lvgdvnensis. Consvli. &c. Ne
parle point d'un Conſul de la Province de Lyon:
mais d'un Lieutenant pour l'Empereur Trajan
en cette Province, qui avoit auſſi eu la Charge
de Conſul.

Symphorien Champier, Medecin Celebre &
Echevin de cette Ville, a écrit au commencement
du 15. Siecle, quelques petits traités *de Claris
Lugdunenſibus* & *de Antiquitate vrbis Lugdunen-
ſis*, qui ſont aſſés Curieux, ſelon le peu de lumieres qu'on avoit alors, par le defaut des Livres, l'Imprimerie ayant été treuvée peu de tems,
auparauant.

On fit Imprimer il y a une quarantaine d'années une traduction Françoiſe ou un extrait de
ce qu'il en avoit dit, ſous le tiltre d'*Antiquités de
Lyon*, avec ſon nom renverſé *Morin Piercham*,
où il y a fort peu de choſe pour l'Hiſtoire Romaine ; mais il s'etend le plus ſur la ſedition de
Lyon, qui arriva de ſon tems.

Pluſieurs autres ont parlé de Lyon, ou dans
des Itineraires, comme *Goltnizius* qui n'a pas été
aſſés long-tems icy pour confronter exactement
les Inſcriptions ; *le Tableau des Provinces de
France*, où toutes celles qu'il cite ſont mal copiées ; *Les Delices* & le *Voyage de France*, qui ne

se sont pas étendus dans ces matieres.

M. *Chapuzeau* a mis au jour *Lyon dans son lu-stre,*, où la police de Lyon, & tous les Offices & dignités sont particularisées. Le *P. Theophile Raynaud* a fait *de Sanctis Lugdunensibus* & M. de *Marca* Archevêque de Thoulouse nommé à l'Archevéché de Paris, un tres-sçavant traitté dé *Primatu Lugdune si.*

De tous ces Autheurs il n'y a eu que *Paradin* qui ait eu le dessein de tirer des lumieres pour l'Histoire ancienne, par les Inscriptions qui nous restent de ces tems-là : & de faire voir aux Etrangers, que les pierres parlent dans tous les coins de nos rües, pour nous instruire de ce que cette Ville étoit sous la Domination des Romains.

Ce qui m'a donné la pensée de faire quelque chose apres luy, c'est qu'outre que son Livre est rare, j'ay treuvé que la plus part des Inscriptions qu'il cite ne sont plus aux mêmes endroits, que les unes sont perdues, & les autres brisées Ajoutés qu'il ne les explique pas, & que s'il le fait ce n'est pas toujours sans faute, & que quelques unes ne sont pas copiées avec exactitude. Enfin quand il s'en seroit acquité le mieux qu'il se pourroit, nous avons eu le bon-heur d'en decouvrir une cinquantaine, qui n'avoient pas été deterrées avant luy, ou qu'il navoit pas remarqué.

Mais quelqu'un me dira, pourquoy tant de peine à rechercher l'Histoire ancienne sur des Marbres rompus, ou des pierres à demy effacées, si nous pouvons l'apprendre par le moyen des

Livres,

Livres , que nous avons dans nos Cabinets , qui
font & plus amples, & plus aifés à comprendre?
C'eft un langage des demy fçavans , & il feroit
aifé de prouver que ces grand genies des derniers
Siecles, Erafme , Scaliger , Cafaubon , Lipfius,
Saumaife & Panvinius, &c. n'avoient pas acquis
le fonds de leur fcience par le fecours des Livres
feulement. Ils y ont joint les Infcriptions , les
Medailles , les Manufcripts , les Gravûres antiques , & enfin tous les Moyens dont l'Antiquité s'eft fervy pour faire connoître fon Hiftoire à la Pofterité.

Combien y a t'il, par exemple , de contrarietés & de fauffetés dans les Autheurs de l'Hiftoire Romaine, qui ne peuvent être aifement termi-
nées , que par ces monumens antiques ? *Eutrope*
dit que Iules & Augufte ont regné fous le tiltre
de Dictateurs, ce qui eft tres faux du dernier. Le
même Autheur , affûre que Domitian eft le premier des Empereurs qui s'eft fait appeller *Dieu* ;
& il eft facile de prouver par les Marbres & par
les Médailles que Caligula & Neron, l'avoient
fait auffi bien que luy, & qu'Augufte même,bien
qu'il fut plus modefte , permit auffi qu'on le
traitât de Divinité. *Spartian & Capitolin* difent
qu'*Ælius* fut le premier qui eut le tiltre de *Cafar*
feulement , qui eft celuy qu'on donnoit à ceux
qui étoient deftinés à l'Empire , & cependant
nous fommes convaincus par nos Antiques,que
les deux Fils d'Agrippa *Caius & Lucius* , avoient
eu la même qualité fans être parvenu à l'Empire,
auffi bien que *Drufus* Fils de Tibere , Germani-

cus

cus Pere de Caligula & ſes deux Fils Neron &
Druſus. *Dion* dit que Caracalle vécut 29.ans &
Aurelius Victor dit 43. *Spartian, Eutrope* & pluſieurs autres écrivent qu'il epouſa Iulia ſa belle
Mere : mais *Dion*, *Herodian*, & *Suidas*, diſent
que Iulia étoit ſa Mere, & n'ajoutent point cette Fable, de ce pretendu Mariage. Elagabale a
regné ſix ans, au dire d'*Herodian*, & deux ans
& huit mois, ſelon le Compte d'*Aurelius Victor*,
& d'*Eutrope*. Le Livre intitulé *Annorum Com-*
putatio, luy donne quatre ans de Regne. Et quel
moyen d'accorder toutes ces contrarietés que
par d'autres Monumens antiques moins ſuſpects
de corruption que les Livres ?

Mais comment pretendroit on d'apprendre
parfaitement toutes les actions particulieres des
Empereurs, par le ſeul ſecours des Autheurs ?
Si la plus part ne ſçavoient pas ſeulement bien
les noms de ceux dont ils écrivoient l'Hiſtoire :
ce qui introduit de la mépriſe & de la confuſion
dans leur lecture. *Lampride* & preſque tous les
Autheurs Latins, appellent le fils de Macrin,
Diadumenus au lieu de Diadumenianus. *Capitolin*
nomme le fils de Maximinus, Maximinus junior
pour Maximus. Le même Ecrivain eſt en grande
difficulté de ſçavoir ſi Pupienus s'appelloit
auſſi Maximus, & le moindre apprentif dans la
lecture des Pierres & des Medailles ne l'ignore
preſentement. *Pomponius Lætus*, donne à l'Empereur Vetranio, le nom de Britannio. *Zoſime*
appelle Aureolus d'un autre nom qui rend l'Hiſtoire ambigue, *&c*. Aurelianus. Bonoſius eſt
nomm é

nommé Bonosus par *Vopiscus.* A peine Soæmias
se reconnoitroit dans les Autheurs; car *Herodian*
la nomme Soæmis, *Capitolin* Semiamira, *Eutrope*
Semia , & son *Metaphraste* encor plus mal
Συρία Σαλεα

Quel Autheur est ce qui m'apprend distincte-
ment que Vitellius avoit deux Fils , que Paulina
etoit Femme de Maximin , & Barbia Orbiana
d'Alexandre Severe , ou pour dire quelque chose
de plus Curieux, n'a t'on pas toûjours crû , que
cette Colomne aupres de Constantinople, qu'on
appelle vulgairement la *Colomne de Pompée,* avoit
été erigée a son honneur : mais M. Vaillant Antiquaire du Roy ayant eu la Curiosité d'y aller ,
y treuva cette Inscription qui nous apprend que
c'est à l'honneur d'Auguste qu'elle y a été dressée,
par Claudius Annidius Admiral de la Flotte du
Pont Euxin.

	AVGVSTO CAESARI
Erexit.	E. CLAV. ANNIDIVS
Legatus.	LE. CLASSIS I PONTO

Ie n'aurois jamais finy , si je voulois examiner
toutes les particularités Historiques que contiennent les Inscriptions. Quoy que *Gruterus*
ait fait un ouvrage digne de l'immortalité , en
recüeillant

receüillant celles de tout le Monde, qu'il a pû avoir. Il ne faut pas s'imaginer qu'il ait epuisé toute cette matiere. *Reinesius* D. M. tres habile Antiquaire de Leipsic, en avoit ramassé un volume presqu'aussi gros, qu'il alloit mettre au jour, si la mort n'eusse borné tous ses desseins.

Il n'est pas nécessaire qu'une Inscription soit ample, pour enseigner quelque Histoire. Ces trois mots, IOVI. O. M. qui sont gravés dans la Roche d'une Montagne de Baujolois appellée Montjou, nous apprennent que cette Montagne étoit dediée à Iupiter, & que le nom de Montjou est venu par corruption de *Mons Iovis.* D'où je pourrois aussi conclurre que ceux du Baujolois, sont mieux nómés *Baujovienses* que *Bellijocenses.*

Comment sçaurions nous que Grenoble s'appelloit anciennement *Cularo*, si les Inscriptions gravées dans les murs de la Ville, ne nous en convainquoient, & une lettre de Plancus, parmy celles de Ciceron ne seroit elle pas mieux dattée *Cularone*, que de la façon qu'on y lit à present. *Civarone ex Allobrogum finibus.*

De plus il n'est pas si aisé de supposer une Inscription antique, que de falsifier un Livre ou de luy donner un autre Autheur, que le véritable : Il faut une grande delicatesse d'esprit, pour reconnoître qu'une piece n'est pas d'un tel Autheur. Mais pour prononcer qu'une Inscription n'est pas antique, je ne croy pas qu'il y ait tant de peine, pourveu qu'on s'y soit un peu étudié. La pierre que les Anciens choisissoient, la forme dont on les tailloit, & la figure exacte des lettres

jointe

jointe à la profondeur qu'on leur donnoit, ne
font pas des chofes faciles à imiter à des Ouvriers ignorans.

De plus la maniere de s'exprimer, l'Or-
thographe, & les points même fi vous vou-
lés qui font pour l'ordinaire plutôt triangu-
laires que ronds, peuvent decouvrir les four-
beries, qu'on feroit en cette matiere, plus aifement qu'on ne fera celles d'un Livre ancien,
dont tant de copies qui en ont été faites auront changé le fens, en copiant les fautes des
autres, & en y ajoutant de nouvelles.

D'où viennent tant de *Variæ Lectiones* des
meilleurs Livres, fi ce n'eft de l'erreur des Copi-
ftes, & quelquefois de leur ignorance:avant que
l'Impreffion fut en vfage. Mais fans imiter la
Paffion, de ceux qui méprifent toute autre fcience, que celle de leurs Livres, contentons nous
d'avoir montré ce qui eft de nôtre fujet, & qu'il
y a de belles chofes à apprendre, auffi bien dans
les Infcriptions, que dans les Livres. Où fi l'on
ne veut que des Livres, difons que nos Antiques
ne font autre chofe, que des Livres, dont les pa-
ges de pierre & de Marbre ont été écrites avec le
Fer & le Cifeau.

On treuvera peut-être mauvais, que je n'aye
point recherché le tems précis, que celles que
nous rapportons ont été faites. Mais comme
dans la plus part, il n'y a ni le nom d'un Empereur, ni ceux des Confuls, le jugement en feroit
un peu témeraire. Ie croy pourtant qu'on peut
affeurer que celles, où paroit le mot de Lvgv-

DVNVM

DVNVM ſont du premier Siecle : auſſi bien que celles où il eſt parlé des Preſtres à l'Autel d'Auguſte, & en géneral il y en a tres peu de Payennes qui ne ſoiènt des trois prémiers Siecles : car depuis ce tems-là les Tenebres du Paganiſme furent preſque bannies de la France.

AD

AD AVTHOREM.

ΠΑΡΑΙΝΕΣΙΣ

Eia agè ! Castalidum decus immortale Sororum
SPONI quam nactus Spartam es virtutibus orna.
Iam satis obscuris iacuit demersa tenebris
Gloria Lugdunensis agri. Sunt scripta Rubæi
Sicca nimis, nugasq; docet Paradinus aniles.
Fac pateant Musæa quibus conamine magno,
Abdidit immensas immensa scientia Gazas.
Lugdunum nimis (heu! nimiùm) tua docta silerent
Marmora, labentis repara dispendia Famæ.
Vix datur, Augusto quod vouit Gallia Templum
Noscere, vix Venerisq; Forum, murosq; Neronis.
Vix notum Planci nomen, dicturus ad Aram
Et Lugdunensem vix notus Rhetor. Inane
Nil nisi nomen habet Lugdunum. Scrinia pande,
SPONI, atq; in memori deponito condita prælo,
Romulidum prohibens induci obliuia factis.
Ardua res fateor, dignus quoq; vindice nodus:
Magnæ molis opus; verùm hinc tibi gloria major
Surget, & æternos tibi conciliabit honores.
Perficere hoc frustra quondam tentâre priores:
Non adjecta fuit tanto manus vltima cœpto.
Aude igitur! magnis robur non deficit ausis,
SPONI Castalidum decus immortale Sororum.

Pangebat Nemausi
FR. GRAVEROLIVS, I.V.D.

PERMISSION.

L E n'empêche pour le Roy, qu'il soit permis à IAQVES FAETON d'imprimer le Livre intitulé, *Recherche des Antiquités & Curiosités de la ville de Lyon*, & que les deffences ordinaires luy soit accordées pour trois années. A Lyon le 18. Avril 1673.

VAGINAY.

S O I T fait suivant les Conclusions du Procureur du Roy, les an & jour cy-deſſus.

DE SEVE.

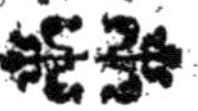

RECHERCHE
DES
ANTIQVITE'S
ET CVRIOSITE'S
de la ville de Lyon.

CHAPITRE I.

*Noms & etymologies de Lyon. Abbregé
de son Histoire.*

D E'PVIS que Lyon a esté bâty, ie ne treuue pas qu'il ait proprement changé de nom. *Champier & Paradin* nous ont voulu faire accroire qu'il auoit esté anciennement appellé *Insula*, long-tems auant Plancus : mais Plutarque & Tite-Liue, qu'ils appellent à leur secours, ne disent rien

A   moins

moins que cela, & ce sont proprement les campagnes entre le Rhosne & la Saosne, à qui ce nom estoit donné. Ie dis donc qu'il fut premierement appellé Lvgvdvnvm, comme i'en feray voir des preuues par l'authorité de Dion, par les medailles & par les inscriptions antiques : & de *Rubys* mesme qui le nioit opiniatrément dans ses priuileges de Lyon, s'en est teu dans son histoire imprimée ensuite, estant apparemment conuaincu du contraire de ce qu'il auoit auancé. On s'accoûtuma ensuite insensiblement à l'appeller Lvgdvnvm, comme par abbreuiation : & ie ne puis conceuoir sur quel fondement de Rubys pretend, que depuis Seuere il ait esté appellé *Leo*, & que le nom de Lvgdvnvm fust alors aboly. Il y a mille preuues du contraire, qu'on pourroit apporter, si la question meritoit d'entrer en contestation : & les monnoyes de tant d'Empereurs apres Seuere frappées Lvgdvni, seroient seules capables de la decider. Il est vray que dans le quatriéme & cinquiéme siecle, que les Goths sembloient auoir iuré la perte de la Latinité, aussi bien que de l'Empire Romain, on disoit Lvgdvnvs, comme l'on peut voir dans quelques Autheurs de ces temps-là. Vn marbre antique cité par Gruterus, l'appelle colonia clavdia copia lvgdvnensis, mais c'est plûtot en maniere d'Eloge, qu'un nom qui ait eu vogue; *Claudia* parceque l'Empereur Claude y estoit né, & que la Ville auoit receu beaucoup de faueurs de luy; & *Copia* parce qu'elle estoit l'abondance & le grenier des Gaules. Les noms de *Rhodanusia* & d'*Araria*

Ammian
Marcell.
Sidon.
Apollin.

d'*Araria* que quelques-uns luy ont donné, tiennent du Poëte & de l'Orateur : & pour cette
Ville dont *Stephanus* parle fous le tître de
ρομαρίσια, il n'y a pas d'apparence que ce foit
Lyon, comme l'eftime le fçauant Bochart, puis
que l'Autheur la place dans le territoire de Mar-
feille.Il y auroit plus de lieu de croire que c'eft la
Ville d'Arles, dont le Rhofne lave auffi les murailles, & qui eft fort ancienne. On s'eft auffi
mépris,d'auoir pris *Forum Segufianorum* qui eft
Feurs en Forefts, pour Lyon.

Mais pour ne pas s'enfoncer dans vne criti-
que ennuyeufe des noms de Lyon, venons à fa
fondation. N'en deplaife aux Autheurs qui nous
font defcendre d'un *Lugdus*, d'un *Momorus* ou
d'un *Atemoparus* Princes Gaulois,dont l'hiftoire
nous eft prefque inconnuë, & meflée peut-eftre
de fable par un certain Clitophon, & vn faux
Berofe ; je croy qu'il ne nous eft pas honteux de
reconnoiftre pour Peres les Romains,qui eftoient
les maiftres du monde.

Ce fuft donc l'an DCCXI. de la fondation
de Rome,qui répond felon la plus exacte Chronologie, à l'année XLIII. auant la venuë de
Noftre Seigneur, que fuft baftie la Ville de Lyon
par *Lucius Munatius Plancus*,qui auoit autrefois
efté Gouuerneur de la Gaule Celtique fous Iules
Cæfar, & qui eftoit pour lors à la tefte d'une
armée qu'il commandoit proche la riuiere
d'Ifere, comme l'on peut voir dans les lettres
qu'il écrit à Ciceron, où il faut remarquer que
les editions communes font vne méprife,en met-

A 2   tant

Sidon
Apollin.
vie de S.
Loup.

Dans fon
phaleg.

Eloge
hift. de
Lyon.

tant au tiltre du X. Liure des Epiftres de Ciceron,
& aux tiltres de quelques-vnes des lettres *ad*
Cneum Plancum, au lieu de mettre *ad Lucium*
Munatium Plancum. L'on peut voir dans ces
lettres , & fon eloquence , & fa prudence , & la
confiance que le Senat auoit en luy, & l'affection
que Ciceron luy témoignoit. C'eftoit dans ce
temps-là que Marc-Antoine, Lepidus & Augufte
partageoient la Republique Romaine par leurs
differentes factions ; & l'année ne s'écoula pas
qu'ils n'euffent conjuré enfemble ce cruel Trium-
uirat , qui coûta tant de fang au peuple Romain.
La crainte qu'auoit le Senat que fes puiffances
ne s'uniffent, fut la caufe de la fondation de cette
Ville , comme l'on peut voir par ce paffage de
Dion que ie meftray tout au long. Cet Autheur
eft un des plus exacts pour l'hiftoire Romaine,
& a écrit fon Liure fous l'Empire d'Alexandre
Seuere. *Les Senateurs*, dit il, *ayans appris que Si-*
,, *lanus fauorifoit le party de Marc-Antoine , &*
,, *craignans que Lepidus & Lucius Plancus ne*
,, *vinffent à embraffer le mefme party. Ils leurs enuo-*
,, *yerent des Deputés, afc. à ces deux derniers, pour*
,, *leur dire que la Republique n'auoit pas pour lors*
,, *befoin de leurs armes ; & afin qu'ils ne foupçon-*
,, *naffent rien de finiftre , & qu'ils n'entrepriffent*
,, *aucun acte d'hoftilité , ils receurent ordre du*
,, *Senat, de bâtir vne Ville à ceux que les Allobro-*
,, *ges auoient autrefois chaffé de Vienne (qui eft*
,, *vne Ville de la Prouince Narbonoife) & qui*
,, *s'eftoient retirés à l'endroit où les deux riuieres*
,, *du Rhofne & de la Saône s'affemblent. De forte*
que

„ *que s'estans arrestés-là, ils bâtirent Lyon , qu'on*
„ *appelloit autresfois* Lvgvdvnvm.

Neantmoins, soit que Lepidus fust refractaire
aux ordres du Senat , ou qu'il en eust laissé tout
le soin à Plancus , il est certain que ce dernier est
consideré par tous les Autheurs, comme le seul
fondateur de Lyon. Vne belle inscription antique grauée sur vn marbre à Gayette en Italie,
nous confirme la mesme chose , & parce qu'elle
nous instruit d'une partie de ses belles actions,&
de ses illustres employs , il ne seroit pas iuste de
l'oublier.

L. Mvnativs l.f.l.n.l.p.Plancvs Cos.Cens. *L.Lucius*
Imper.iter.vii vir epvl.trivmph.ex rhetis *Cos. cens.*
Ædem Satvrni fecit d e manvbiis agros *Consul*
divisit in Italia beneventi.in Galliam co- *Censor*
lonias dedvxit Lvgdvnvm et Ravricam. *Impera-*
tor iterũ,
septem
C'est à dire, *Lucius Munatius Plancus fils de* *vir Epu-*
Lucius, petit fils de Lucius, arriere fils de Lucius: *lonũ tr. ũ-*
Consul , Censeur, declaré general d'Armée pour la *phauit,*
deuziéme fois, vn des sept Intendans du banquet *&c*
des Dieux , a Triomphé des Rhetes, (ce sont ceux
du Valey & les Grisons) *a bâty des dépoüilles des*
ennemis le Temple de Saturne , a fait le departe-
ment aux soldats des terres de Beneuent en Italie,
a estably deux Colonies dans les Gaules , Lyon &
Augst.

Raurica est un village à quatre ou cinq lieües
de Basle , qui s'appelle maintenant Augst par
corruption du mot *Augusta Rauracorum,* & qui
montre par les mazures qui en restent auoir été

A 3

autre

autrefois vne grande Ville : mais comme deux
enfans d'un mesme Pere, ont souuent un sort bien
different , aussi cette Ville-là n'a-t'elle pas eu le
mesme bonheur que Lyon, qui s'est toûjours re-
leué de ses cheutes, & qui paroist toûjours ieune
dans sa vielleffe ; ce qui à inspiré Scaliger de luy
faire cette Epigramme , qu'on à treuuée digne
d'estre grauée en lettre d'or dans la cour de la
maison de Ville.

Flumineis Rhodanus quâ se fugat incitus vndis,
  Quâque pigro dubitat flumine mitis Arar:
Lugdunum iacet antiquo nouus orbis in orbe,
  Lugdunúmque vetus orbis in orbe nouo.
Quod nolis alibi quæras, hic quære quod optas :
  Aut hîc, aut nusquam vincere vota potes.
Lugduni quodcunque potest dare mundus habebis;
  Plura petas, hæc vrbs & tibi plura dabit.

La curiosité qui est ingenieuse à tourmenter
l'esprit à la recherche des choses de peu d'impor-
tance , à fait naistre la question de l'etymologie
du mot de LVGDVNVM, dont nous ne sçauons rien
de certain. Quelques-vns veulent que ce soit en
memoire d'un Roy des Celtes nommé LVGDVS,
d'autres en memoire d'une legion de Iules Cæsar
appellée LVGDA, qui auoit acoûtumé d'hyuerner
dans ces Pays. Celle qu'on a debité *quasi* LVGV-
BRE DVNVM ou LVCTVS DVNVM est moins vray
semblable, puisqu'elle auoit ce nom auant ses
desastres. Becan la tire d'un mot Allemand, qui
signifie fortune *Gluk dunum* montagne fortunée:
car pour le mot de *dunum* on conuient qu'en
ancien langage Gaulois il signifioit colline ou
                    montagne,

montagne, & les Villes qui ſe terminent ainſi
le font aſſez voir par leur ſituation, de meſme que
le mot de Dunes qui nous eſt encor reſté en François. Il y a des anciens Autheurs qui diſent que
le mot de *Lug* ſignifioit corbeau dans l'ancien
langage des Celtes, comme celuy de *Loucha* ſi- Bochart
gnifie encor la meſme choſe dans l'Arabe, qui Phaleg.
auoit quelque affinité auec l'ancien Gaulois, &
qu'a cauſe que cette montagne de Fouruiere, que
quelques-vns croyent auoir eſté autrefois appellée
Coruiere, eſtoit vne retraite de corbeaux, la
Ville qui auoit eſté bâtie ſur cette montagne en
auoit retenu le nom, apres que les Aigles Romaines eurent chaſſé ces pretendus corbeaux.
Il y en a qui diſent que *Lugdunum* ou *Lucdunum*,
comme on le treuue quelquefois écrit dans les
liures, c'eſt *quaſi Lucy Dunum* du prénom de
Plancus. Enfin quelques-vns ayans veu dans Eu- Hiſt. Ec-
ſebe qu'au commencement que Lyon fut bâty, cleſiaſt.
on auoit mis ſur la montagne de Fouruiere vn
grand miroir d'acier, qui par le reflechiſſement
des rayons du Soleil enſeignoit à ceux qui ve-
noyent de Sauoye, le chemin de Lyon qui n'eſtoit
pas encor frayé, ont crû que c'eſtoit aſſés pour
dire, qu'il auoit eſté ainſi nommé *quaſi Lucens*
ou *Lucis dunum*. Il eſt vray que d'autres moins
credules doutant de la verité de ce recit, gardent
la meſme etymologie, mais la tirent de ce que
la montagne de Fouruiere eſt à l'oppoſite des
rayons du Soleil, quand il ſe leue. Ce qui eſt
commun à beaucoup d'autres Villes, & qui neant- In apoce-
moins à donné ſujet à ces beaux vers de Seneque. locynth.

A 4   *Vidi*

Vidi duobus imminens fluuiis iugum
Quod Phœbus ortu semper obuerso videt:
Vbi Rhodanus ingens amne prærapido fluit,
Ararque dubitans quo suos cursus agat
Tacitus quietis alluit ripas vadis.
Estne illa tellus spiritus altrix tui ?

Quelqu'un pourroit coniecturer de ces vers, que Lyon estoit bien long-tems auparauant Plancus, veu mesme que Seneque fait parler dans cette satyre l'Empereur Claude auec Hercules de cette maniere. *Toy*, dit-il, *qui as couru tout le monde comme vn postillon, est-ce que tu ne connois pas les Lyonnois ?* Si Lyon n'estoit pas du temps d'Hercule, comment est-ce qu'il les auroit pû connoître en voyageant par le monde. Mais je croy que c'est un traict de la raillerie de Seneque, qui veut faire paroistre la stupidité de Claude, comme s'il ne se souuenoit pas, qu'il n'y auoit pas plus d'un Siecle, que sa Ville natale estoit au monde. Aussi ne fait-il pas répondre Hercule comme s'il eust veu la Ville, mais seulement le pays. *I'ay veu*, dit Seneque, en la personne d'Hercules, *vn costau panchant sur deux riuieres que les rayons du Soleil leuant regardent toûjours à l'opposite, ou le Rhosne va d'une course rapide, & où la Saône qui semble estre en suspens de quel costé elle coulera, moüille les Riuages de ses eaux endormies: Est-ce là ce Pays qui t'a éleué?*

S'il y auoit eu quelque Ville en cét endroit, quelqueAutheur ancien digne de foy n'en auroit-il point parlé ? Iules-Cæsar, qui auoit demeuré dix ans à subiuguer les Gaulois, qui auoit souuent

passé

paſſé par icy , n'en auroit-t'il dit mot dans ſes Commentaires , où il nous a laiſſé vne entiere Geographie des Gaules ? Ie n'ay donc garde de mettre dans le rang des Lionnois illuſtres , comme ont fait quelques-vns de nos Autheurs, *Lucius Plotius* , grand Orateur que Ciceron auoit écouté : *Antonius Gnipho* Precepteur de Iules-Cæſar ou *Valerius Cato*, qui ſont tous morts auant qu'on euſt ietté les fondemens de Lyon, & Suetone meſme ne nous les donne que pour Gaulois.

Cham-pier. Eloge hiſt. Lib. da illuſtrib. Gram-mat. & claris rhetor.

Comme les Romains furent les Peres de cette Ville, ce fut auſſi eux qui eurent le ſoin de l'em-bellir de temps en temps. Auguſte qui l'auoit veu naître dans le temps qu'il projettoit ſa Mo-narchie, y a fait un ſéjour de trois ans, pendant leſquels il n'y a point de doute que les Lionnois n'en receurent pluſieurs faueurs en particulier, auſſi bien que le reſte des Gaulois, qui pour marque de leur réconnoiſſance luy erigerent un Temple au frais communs des ſoixante peuples des Gaules , auec autant de ſtatuës portans les tîtres de chacune de ſes Nations ; & ce Temple eſtoit ſitué, ſuiuant le témoignage de Strabon, deuant la Ville de Lyon,au lieu où les deux Riuie-res ſe joignent, & l'inſcription Romaine qui eſt à la Tour de l'Egliſe de S.Pierre nous confirme la meſme choſe pour le lieu de ce Temple *ad con-fluentes Araris & Rhodani*, qui eſt ce que nous appellons maintenant Enay,dont nous parlerons encor au Chap.7. Trois cent Augures & ſoixante Haruſpices y ſervoient, comme on iuge par les

inſcriptions

inſcriptions antiques qui nous reſtent. Ce fuſt dans ce Temple que l'Empereur Caligula eſtablit ces jeux Academiques, ou tant d'Orateurs & de Poëtes venoient de differens endroits du monde, pour faire parade de leur eloquence. Mais comme il eſtoit ordonné que celuy qui ne gagneroit pas le cœur de ſes Auditeurs, ſeroit plongé dans la Saône, s'il n'aimoit mieux effacer de la langue ſes écrits ; cela a donné ſujet à Iuuenal de faire paſſer comme en Prouerbe, pour vne grande crainte, la timidité d'un Orateur qui deuoit haranguer deuant l'Autel de Lyon, qui deuoit bien eſtre celebre, puiſque cet Autheur écriuant à Rome en parle comme d'une choſe connue.

Palleat, vt nudis preſſit qui calcibus anguem
Aut Lugdunenſem Rhetor dicturus ad aram.

L'Empereur Claude ſucceſſeur de Caligula nâquit à Lyon, le meſme jour que ce Temple fuſt dedié, l'an de Rome 744. ſon Pere Druſus allant faire la guerre en Allemagne, & ſa femme Antonia qu'il menoit auec luy ayant accouchée icy. Neron qui vint apres, donna de grandes ſommes pour remettre en eſtat cette Ville, qu'une incendie épouventable auoit tellement ruinée, qu'on ne reconnoiſſoit plus Lyon dans Lyon meſme.

——*Vnaque nox interfuit inter vrbem maximam*
& nullam.

Cette liberalité fut cauſe qu'elle porta toûjours ſon party contre Galba, & apres, celuy de Vitellius amy de Neron, contre ſon Competiteur Othon. Sous l'Empire de Marc-Aurele les Chreſtiens

ſtiens de Lyon auec leur premier Eueſque S. Photin ſouffrirent des grandes perſecutions; & apres qu'il eut eſté martyriſé, S. Irenée diſciple de Saint Polycarpe, qui auoit eſté Diſciple de Saint Iean, luy ſucceda en ſa charge & en ſes malheurs, car il ſouffrit auſſi le martyre auec pluſieurs milliers de Chreſtiens ſous l'Empereur Seuere. De Rubys ne veut pas que ce ſoit immediatement apres la bataille d'Albinus, comme Paradin l'aſſuroit. L'Hiſtoire de Seuere & d'Albinus nous touche de plus pres que celle des autres Empereurs, c'eſt pourquoy on nous pardonnera bien ſi nous nous y étendons un peu plus. Seuere auoit eſté Preteur ou Gouuerneur des Gaules ſous l'Empereur Commode, & faiſoit ſa reſidence à Lyon. Neantmoins ſoit qu'il fuſt ſeuere auſſi bien d'effet que de nom, ou que pour d'autres conſiderations il ne ſe fuſt pas fait aimer à Lyon, la Ville ne balança point à ſe declarer du parti d'Albinus, qui auoit eſté nommé Empereur preſque en meſme temps que luy, par les troupes qu'il commandoit dans la grand-Bretagne. Seuere qui venoit de défaire Peſcennius Niger, que les troupes d'Orient auoyent pareillement éleué à la dignité Imperiale, ne perdit point de temps pour venir perdre Albinus à force ouuerte, n'ayant pû reüſſir par l'aſſaſſin ni par le poiſon qu'il auoit eſſayé. En venant il fit declarer Cæſar ſon fils Caracalle *à Viminatium* Ville de Myſie, que tous nos Autheurs ont mal pris pour Vimy aupres de Lyon. D'autre coſté Albin ne voulant pas ſe laiſſer prendre dans

l'Angleterre

l'Angleterre, vint en France auec 50.mille hommes, Seuere en ayant enuiron autant. Albin se fiant de ce que Lyon tenoit son party, ne s'en écartoit pas beaucoup. Il eut de l'auantage dans les premiers chocs, & Seuere mesme étant tombé de cheual y pensa demeurer dans une rencontre. On croit que ce fust aupres du village *d'Albigny* qui à gardé son nom, comme celuy de *Seury* qui n'en est pas loin, celuy de Seuere.

Ce pourroit estre apres ces premieres victoires, que les Lionnois lui dresserent cette inscription, comme au protecteur de leur liberté contre Seuere. On la void maintenant au village d'Albigny à la maison de Monsieur Seue Intendant de la Doüane, & l'on dit qu'il y à plus de 50. ans qu'elle y a esté deterrée.

C'est

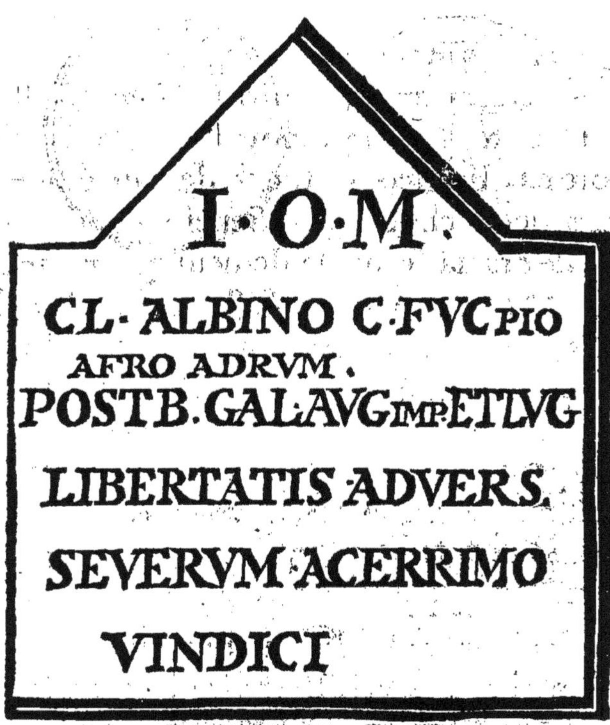

C'est un vœu à Iupiter pour luy demander la
continuation de ses victoires , ou une réconnoissance de celles qu'il auoit deja obtenu. Il
estoit natif d'Adrumetum en Afrique, ce qui est
marqué par ces deux mots AFRO ADRVM. Ie
ne sçay que veut dire C. FVC. PIO, ni mesme ce
POST B. GAL. si ce n'est *Post Bellum Gallicum.*
Voicy une médaille d'argent du mesme Albin
qui est rare & fait fort bien à nostre sujet.

Il y a autour de la teſte Imperator Cæsar
Didius Clodius Albinus Avguſtus. Où il
faut remarquer, qu'il prend les meſmes tîltres que
dans l'inſcription, d'Empereur, & d'Auguſte, au
lieu que dans la pluſpart de ſes autres medailles,
il n'eſt nommé que Cæsar, parceque Seuere luy
auoit donné cette qualité auant leur mes-intelli-
gence, voulant l'empeſcher de rien remuer, en
luy perſuadant qu'il le deſtinoit tout de bon
pour ſon ſucceſſeur à l'Empire, & dans cette
penſée il prenoit le nom de *Septimius*, pour marquer l'adoption de Seuere. Mais apres leur de-
meſlé, il y a apparence qu'il laiſſa tout-à-fait ce
nom qui luy deuoit plûtoſt eſtre en horreur :
auſſi voyés-vous que ni le marbre, ni la medaille
n'adjoûtent pas ce nom de *Septimius*. Le reuers
de la medaille eſt encor plus conſiderable & pour
le type & pour l'inſcription. C'eſt une figure
debout couronnée de creneaux, qui eſt la marque
d'une Ville, tenant de la droite une pique & de
la gauche une corne d'abondance, ce qui ſeul
nous pourroit deſigner la Ville de Lyon, qui
eſtoit le rempart & le grenier des Gaules, ſi les
lettres d'alentour ne nous en conuainquoient
pas,

pas, car il y a manifestement Gen. Lvg. c'est à dire *Genius Lugduni*, comme si le bon Genie de Lyon se réjoüissoit d'auoir reconnu Albin pour son Empereur, ou *Genio Lugduni*, comme si Albin rendoit graces au Genie de cette Ville, de luy auoir esté fauorable. Si l'oiseau qui est au pied de la figure estoit un corbeau, cela ne seruiroit pas peu à confirmer l'etymologie de Lyon du mot de *Lug*, qu'on pretend signifier un corbeau en langage ancien Gaulois : mais la médaille est trop petite, pour en pouuoir discerner tous les traicts. Cos. ii. marque qu'il auoit esté deux fois Consul, quoyque l'on ne treuve mention dans les Autheurs que d'un de ses Consulats.

Ie ne dois pas dissimuler que pour ce qui est de l'inscription d'Albigny, Monsieur Chorier tres-habile Antiquaire de Grenoble, la tenüe pour suspecte, luy en ayant fait voir la copie, & à dire la verité, ces sortes d'A auec une queüe au dessus ne me semblent point de la bonne antiquité. I'en laisse le iugement à des plus habiles que moy. Poursuiuons l'histoire de nos deux concurrens. Apres plusieurs combats, il en fallut venir à une décision, qui se fit par vne bataille generale donnée à ce que dit Spartian aupres de Tournus *apud Tinurtium*. Dion & Herodian Autheurs Grecs, voulant marquer une Ville connüe par toute la Grece disent aupres de Lyon, que ce dernier appelle grande & puissante Ville. Quelques-vns, mesme veulent que ce fust à la plaine de Sainfons, qu'ils croyent auoir esté ainsi appellée *à sanguine fuso* : mais Paradin dit qu'il en

treuue

treuue l'étymologie dans des vieilles Pancartes, *à centum fontibus.* Quoy qu'il en soit Albin fut tué dans cette bataille, & Lyon ensuite saccagé par l'armée de Seuere, & bruslé pour la deuziéme fois. Il n'y a donc point d'apparence à ce que de Rubys dit, que les Lionnois aduertis que Seuere estoit paruenu à la dignité Imperiale en firent de grandes réjoüissances, ce qu'il croit mesme estre témoigné par vne inscription antique qui se voyoit autrefois à Lyon, & qui a esté du depuis transportée à Roy, à une lieüe & demie d'icy sur Saône. Paradin, de Rubys & Gruterus apres eux n'en citent que la moitié, l'appellant un fragment ; neantmoins elle se lit maintenant toute entiere : peut-estre que de leur temps elle estoit demy-enterrée.

Il est

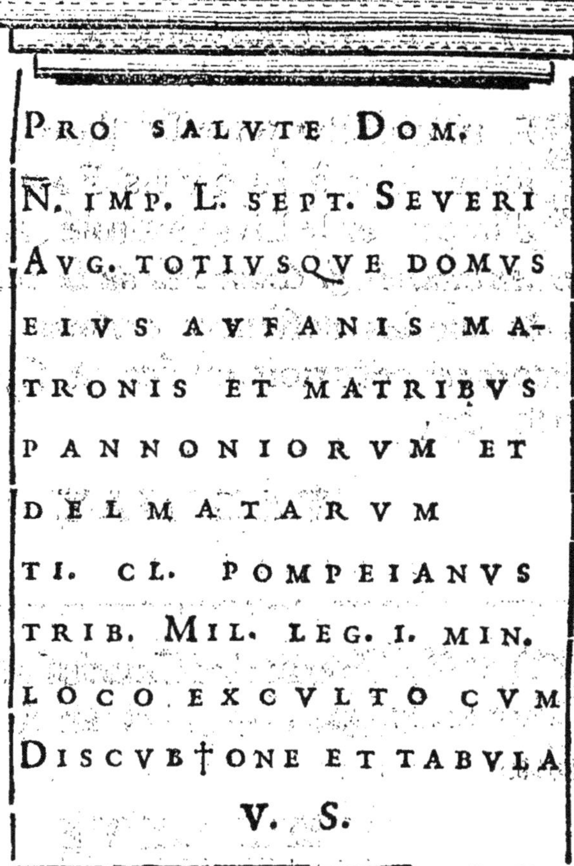

Tribunus
Militum
legionis
prima
Miner-
uia.

Il eſt clair que ce vœu, qui eſt fait pour la
ſanté de l'Empereur Seuere, & de toute ſa
maiſon aux Nymphes, & Deités de la Pannonie,
& de la Dalmatie, n'eſt pas de ceux de Lyon,
mais d'un de ſes Meſtres de Camp, appellé *Clau-*
dius Pompejanus, Tribun ou commandant de la
premiere legion Mineruienne, lequel auoit apparemment voüé quelqu'Autel, ou quelque Cha-

B　　　　　　　pelle

pelle, avec un tableau. I'ignore ce que c'eft, que *Difcubitone*, auffi bien que le mot, de *Aufanis*.

Voyla ce que nous a vions à dire de Seuere. Son fils Caracalle, qui eftoit né à Lyon, pendant que fon Pere gouvernoit les Gaules, n'a pourtant fait aucun bien à fa Patrie, pour meriter que noûs nous-arreftions à fon Hiftoire. Il eft vray que c'eft un affés grand bien, qu'il n'y ayt pas exercé des cruautés, comme il a fait par tout ailleurs.

Long-tems apres, Iulian l'Apoftat étant Lieutenant de l'Empereur Conftantius dans les Gaules,il reprit Lyon,fur les Saxons qui s'en eftoient emparés,& auoient mis la Ville au pillage.

Neanmoins malgré tant de difgraces, qui luy font arrivées de fiecle en fiecle, Lyon n'a pas laiffé d'étre toûjours, une puiffante & opulente Ville. Les raifons qu'on en peut donner, outre fa fituation commode pour le negoce, c'eft que c'eftoit la Ville ou fe faifoit la recepte, non feulement des Gaules, mais de prefque tout l'Empire, comme l'on peut iuger par l'infcription,de *Sabinius Aquila*,qu'on verra au chap.8.

De plus, nous apprenons par l'authorité de Strabon, & par les médailles fuiuantes, que les Romains y auoient étably une fabrique de monnoyes, en tous metaux, qui avoient cours par tout l'Empire, & en fuite ce droit y a fubfifté, fous les Roys de Bourgogne, & fous le temporel des Archeuefques, comme il eft encor dans la mefme vigueur fous nos Roys.

1.   La premiere eft un demy denier Romain qui
a d'un

1.
AR
INAC
LVGV
DN FL CL IVLIANVS P F AVG
2.
SECVRITAS REIPVB
LVGD OFF
FL CL IVLIANVS P F AVG
3.
AR
VOT X MVLT XX
P LVG
DN MAGNENTIVS P F AVG
4.
AR
FELICITAS PERPETVA
LVG
DN VALENTINIANVS P F AVG
5.
AR
GLORIA ROMANORVM
LVG SM

a d'un cofté vne victoire, avec ces characteres
A. XL. qui ont tourmenté tous les curieux inutilement, car il nous feroit aifé de prouver qu'ils
ne fignifient ni la quarantiéme année de la fondation de Lyon, ni les quarante peuples des Gaules, ni l'argent du droict des Gabelles de la quarantiéme : beaucoup moins fignifieroient-ils
affium quadraginta quarante fols, puis que c'eft
une fi petite monnoye. Ie croirois plutoft que
c'eft vne marque du Maiftre des monnoyes, de
la maniere qu'on void plufieurs de ces chif-
fres dans les medailles confulaires, dont on ne
peut pas rendre d'autre raifon. Le Lyon qui eft
au reuers eft le Symbole de Marc-Antoine, pour
lequel il y a une petite médaille toute femblable
avec ce Lyon & fon nom ANTONI IMP. au lieu
qu'en celle-cy il y a LVGVDVNI felon l'ancienne
maniére de parler.

La Seconde eft de Iulian l'Apoftat, auec fon   2.
Dieu Apis au reuers, duquel il efpere le repos de
la Republique, & deffous il y a ces trois mots
abbregés LVGDunenfis OFFICina SIGNauit,
c'eft à dire que cette monnoye de cuivre à efté
frappée dans la boutique Monetaire de Lyon.
Il s'en treuve une d'or prefque femblable à
celle-cy.

La troifiéme d'argent, eft du mefme Iulian   3.
avec ces deux mots raccourcis P.LVG. pour dire
Moneta percuffa Lugduni, Monnoye frappée à
Lyon.

La quatriefme eft de Magnence qui fe tua dans   4.
Lyon, étant affiegé par l'Empereur Conftantius.

Il semble par cette victoire, & par ces charactéres FELICITAS PERPETVA LVG. que les Lionnois luy vouloient faire espérer la victoire & un bon-heur perpétuel.

5.
6.
7.
    Les trois suivantes de moyen Bronze, qui sont de Valentinian, de Gratian, & de Magnus Maximus, n'ont de considerable que les mesmes charactéres, LVG. S. M. *Lugduni signata Moneta, & Lugduni percussa.* Dépuis ces temps-là on en treuve de presque tous les Empereurs avec ces mesmes lettres, ce qui montre comme nous avons déja dit contre de Rubys, que Lyon n'auoit pas changé de nom depuis Seuere. Plusieurs tiennent que Gratian fust tué à Lyon par Andragathus en passant le pont du Rhône, quóy que Zosime dise *Sigiduni,* qui peut avoir esté corrompu pour *Lugduni.*

8.
    La huitiéme qui à deja esté grauée dans les récherches curieuses des Monnoyes de France de Mr de Bouteroüe est ou d'un des premiers Roys de France, ou d'un Roy de Bourgogne, & ce qui me fait pancher plûtot à ce dernier sentiment, c'est que j'en ay veu un autre petite d'or, aussi bien que celle-cy, ou il avoit *Anisiaco fit,* frappée à Annecy qui ne dependoit pas moins que Lyon du Royaume de Bourgogne, & en celle-cy, vous voyés qu'il y a d'un costé LVGDVNO FIT faite à Lyon, & de l'autre SEOCITIVS MONETArius, qui est le nom du Maistre de la Monnoye.

9.
    Celle qui suit ou Lyon est nommé LVGDVNVS, comme l'appelle Ammian Marcellin, est une monnoye de l'Empereur Conrad qui viuoit au

commence

DN GRATIANVS PF AVG
6
Æ
REPARATIO REIPVB
LVG P
DN MAG MAXIMVS PF AVG
7
Æ
REPARATIO REIPVB
LVG P
LVGDVNO
8
AV
SEO CIRIVS MONE
LIV
MONETA CONRADVS
9
AR
S LVG DVN
CARLVS REX
10
AR
PRIMAS EDES LG

commencement de l'onziéme Siécle, & qui avoit
herité du Royaume de Bourgogne , par la mort
du Roy Raoül son Beau-frere. Cet-Empereur
donna à l'un de ses fils nommé Burchard, l'Archevesché, & le Temporel de Lyon, qui étoit de
ce Royaume-là.

Sous la fin du même siécle, la Primace fust
jugée par Vrbain Second à l'Archevesque de
Lyon contre celuy de Sens, ainsi cette monnoye
ou il y a L.G. &c. c'est à dire, Lvgdvnvm prima
sedes Galliarvm est apparemment de ces
temps-là.

Au reste comme nous venons de parler de la
monnoye de Lyon, il faut savoir que nous treu-
vons vne inscription Romaine, qui nous apprend
un des titres dont on qualifioit icy , le Maistre
des monnoyes. On la void encor à vne cour de
rüe Longue , à la maison ou demeure Monsieur
Ponchon, qui à été autrefois l'Hostel de Ville,
comme il paroit encor du côté de la Fromage-
rie par l'inscription , & par les armes de la Ville
qui sont sur la porte.

     C'estoit

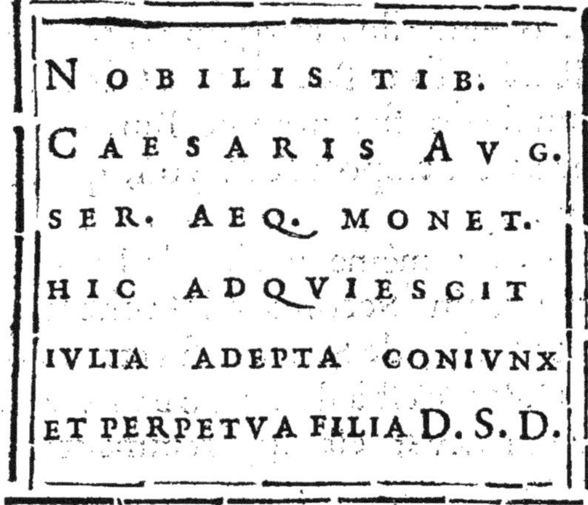

C'estoit le monument de Iulia Adepta, Femme de Nobilis Intendant de la Monnoye Seruatoris Aequitatis Monetæ, sous l'Empereur Tibere.

CHAPITRE II.

Saint Iean. Horloge de S. Iean. Sainte Croix, S. Estienne. Inscriptions Romaines. S. Paul. S. Laurens. Epitaphe de Gerson.

SAINT IEAN est l'Eglise Cathedrale, & Archiepiscopale, qui n'est pas moins considérable par la Noblesse de ses Comtes Chanoines au nombre de 32. tous Nobles de quatre races au moins, que par sa beauté & son Antiquité qui est de 9. ou 10. Siecles.

l'Horloge

L'Horloge qui eſt au fonds de l'Egliſe, peut paſſer apres celuy de Straſbourg, pour le plus beau qui ſoit au monde. La Roüe d'embas tourne de cent en cent ans, & montre l'année, le mois, jours du mois, Feſtes, Epactes, Indictions &c. Celle qui eſt au deſſus, indique les heures du jour & de la nuict, le ſigne du zodiaque ou eſt le Soleil & l'eſtat de la Lune. L'autre montre qui eſt à coſté, marque les minutes, & a de plus cecy de conſiderable, qu'elle eſt faite en ovale, & qu'il eſt par conſequent neceſſaire que l'eguille s'allonge & ſe rétreſſiſſe, à meſure qu'elle va aux côtés ou à l'extrémité de l'ovalle. Quand l'heure approche, le Coq qui eſt au deſſus chante & bat des aîles, & immediatement apres, les Anges paroiſſent, qui viennent dire l'*Aue Maria,* avec un carillon de petites cloches, qui font retentir toutes les heures l'Hymne de S. Iean : la Sainte Vierge ſe tourne un peu de leur coſté, & en meſme temps on void deſcendre ſur elle le Saint Eſprit, en forme de Colombe ; & Dieu le Pere au deſſus, ſous celle d'un Viellard, qui fait le ſigne de la Croix. Apres cela les Anges s'en re-tournent & les heures ſonnent.

Il y a pluſieurs belles cloches à S. Iean, entr'au-tres celle qu'on appelle *Anne d'Auſtriche.* Il faut 16. ou 18. hommes pour la mettre en branſle : auſſi ne la ſonne-t'on que les bonnes Feſtes, ou pour quelque occaſion ſinguliere.

Sainte Croix qui eſt à coſté de S. Iean, eſt l'E-gliſe Paroiſſiale, ou il y a ſous un Beneſtier cette inſcription Romaine imparfaitte.

B 4   La

Cloche de Saint Iean.

Sainte Croix.

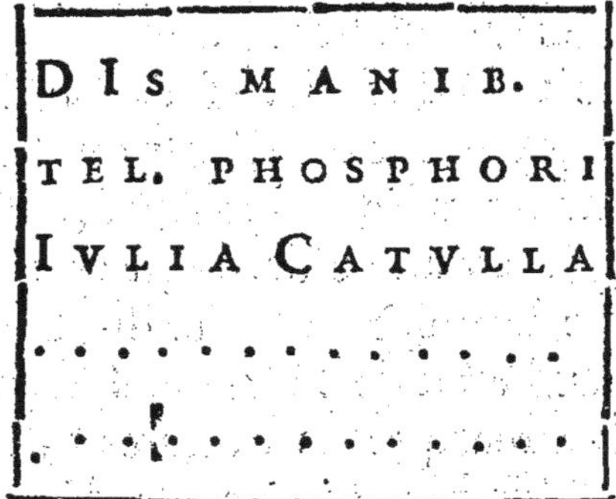

La plus grand partie des Epitaphes payens, n'ont que ces deux lettres, **D. M.** pour fignifier ce qui eft icy prefque tout au long. *Diis Manibus*, aux Dieux Manes, qui eftoient les Deités à qui ils recommendoient les morts.

S.Eftien-ne, S. *Eftienne* qui joint S.Iean avec Sainte Croix, eftoit l'ancienne Paroiffe. Au porche de cette Eglife, en entrant par rüe S. Iean, on void cette infcription Romaine enclavée dans le mur a main droitte.

SEX. LIGVRIVS SEX. FIL.
GALERIA MARINVS
SVMMVS CVRATOR C. R.
PROVINC. LVG. Q̄. ĪIVIRALIB.
ORNAMENTIS SVFRAG.
SANCT. ORDINIS HONO-
RATVS ĪIVIR DESIGNATVS
EX POSTVL. POPVLI OB HONO-
REM PERPETVI PONTIF. DAT.
CVIVS DONI DEDICATIONE
CVRIONIBVS. ·X· V· ORDINI EQVES-
TRI ĪIIIIl VIRIS AVG· NEGOTIATO-
RIB. VINARIS ·X·III· ET OMNIB.
CORPORIB. LVG. LICITE COEVNTIB. X̄II.
ITEM LVDOS CIRCENSES DEDIT. LDDD.

Sextus.

Ciuium Romani. Prouincia Lugdunenf. Suffragiis.

Poftulato.

Sextumuiris Augurū.

Locus Datus Decreto Decurionum.

C'eſt un monument erigé à la gloire de *Sextus Ligurius* ſurnommé *Galeriamarinus*, Iuge Souuerain ou protecteur des Citoyens Romains, habitans dans différentes Villes de la Province Lionnoiſe, lequel avoit obtenu par la démande
du

du peuple, & par les suffrages du saint Ordre
des Augures les ornemens du Duumvirat : en
réconnoissance de quoy il avoit donne aux Magiftrats, à l'ordre des Chevaliers, aux Sextumuirs,
aux Marchands de vin & autres corps ayans leurs
assemblées licites a Lyon, des jeux de courses,
de Chariots & de Bestes qui se faisoient dans le
Cirque. *Champier* à expliqué ces Characteres
-X. V. & -X. III. *Denarios quinque & denarios tres.*
Mais quel present seroit ce à des Corps confide-
rables, de leur donner quatre ou cinq deniers ?
Il y a bien plus d'apparence, que cet -X. marque
un grand Sesterce, qui valloit mille petits Se-
sterces, c'est à dire environ 200. Francs.

Dans une autre allée joignant Saint Estienne,
on peut voir aussi dans la muraille à la droite,
cette pierre.

<table>
<tr><td>L. HELVIO L. FIL.</td><td>*Lucio.*</td></tr>
<tr><td>VOLTIN. FRVGI</td><td></td></tr>
<tr><td>CVRATORI NAV-</td><td></td></tr>
<tr><td>TARVM BIS II. VIR</td><td>*Duumviro.*</td></tr>
<tr><td>VIENNENSIVM</td><td></td></tr>
<tr><td>PATRONO RHO-</td><td></td></tr>
<tr><td>DANIC. ET ARARIC.</td><td></td></tr>
<tr><td>NR RHOD. ET ARARIS</td><td>*Nautarum.*</td></tr>
</table>

Comme elle est gravée en mesme termes de
l'autre côté, vis-a-vis l'inscription précedente,
il est croyable qu'elle fust erigée en un lieu public,

blic, à l'honneur de *Lucius Heluius Voltinus*, surnommé *Frugi* ou *Mefnager* ; lequel avoit efté
deux fois dans la charge de Duumvir de Vienne,
& Intendant des Batteliers du Rhône & de la
Saône. C'eft à peu pres ce que nous appellons
maintenant Maiftre des Ports.

Pour méler un peu le ridicule avec le férieux,
on fait voir aux Etrangers, parmy les bas reliefs
de la façade de S. Iean, à la porte qui eft à main
gauche en fortant de l'Eglife, quatre liévres qui
n'ont entr'eux tous, que quatre oreilles, & en ont
neanmoins chacun deux.

Auant que s'eloigner de ces quartiers, voicy
quelques infcriptions antiques qui y paroiffent
encor.

Dans la ruë du Bœuf, vis a vis un jeu de pau-
me, cette pierre fert de bafe à une porte cochere.
Elle a efté mal copiée par Paradin, que Gruterus
a fuiuy.

C'eft

MINERVAE
L. AEMILIVS
SVLLECTINVS
PRAEFECTVS
CLASSIS RA-
VENNATIVM
DICAVIT.

Lucius.

C'eſt un vœu à la Deeſſe Minerue, qui étoit en particuliere veneration, dans cette Ville, puis qu'elle y avoit même un lieu conſacré en ſon nom, aſc. *l'Athenæum* ou *Athenacum*, d'ou eſt venu le mot d'Enay. Celuy qui témoigne icy ſa devotion, enuers la Deeſſe, eſt appellé *Lucius Æmilius Sullectinus*, Admiral de la flotte de Ra-venne. Auguſte auoit étably deux flottes, pour la ſeureté de l'Empire : l'une à Miſene, que les Marbres appellent *Claſſis Miſenatium*, & l'autre à Ravenne, qui étoit anciennement port de Mer, l'eau s'en eſtant maintenant retirée d'enuiron vne lieüe. *Tellus eſt vbi Pontus erat.*

Celle-cy

Celle-cy est engagée au coin de la maison de Monsieur Choulier, au bas du Chemin neuf, devers le premier étage.

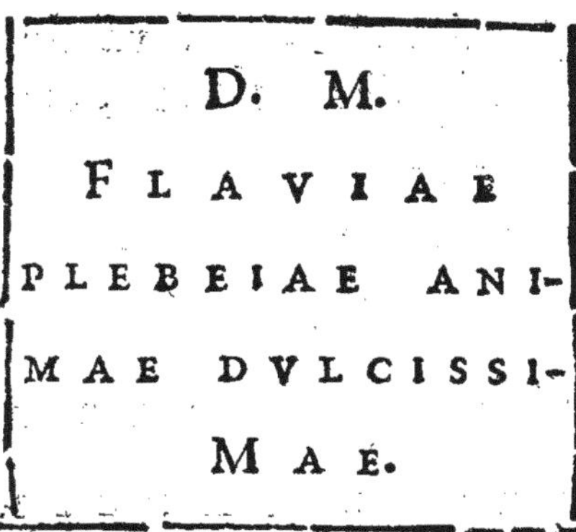

En voicy une qui est enclavée dans l'escalier de la maison de Madame Pichon, à la place de S. Iean. C'estoit autrefois L'HOSTEL DE CHEVRIERES, comme les armes & l'inscription de dessus la porte le témoignent.

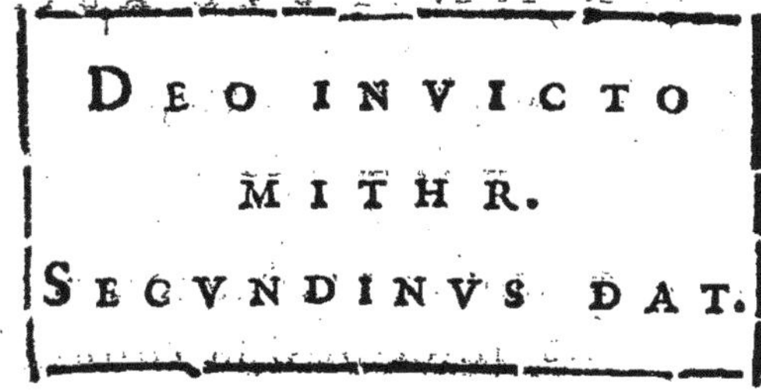

Mithra.

Mithra est le Soleil parmy les Orientaux, comme on peut l'apprendre, par le secours d'autres inscriptions citées dans Gruterus, *Deo soli Inuicto Mithra Fl. Septimius Zosimus Sacerdos Dei Brontontis &c.* Et cette Grecque. ΗΛΙΩ ΑΝΙ-ΚΗΤΩ

ΚΗΤΩ ΜΙΘΡΑ. Il y a un serpent gravé autour, qui peut estre le Symbole de ce Dieu, parce que la fable feignoit; que c'estoit luy, qui avoit tué le serpent Python.

Dans une petite rüe, qui va de S. Pierre le le-Vieux à la rüe des Prestres, est cette pierre mise à la renverse.

<table>
<tr><td colspan="2" style="text-align:center">D. M.</td></tr>
<tr><td>ET MEMORIAE AE-</td><td></td></tr>
<tr><td>TERNAE VROGENO</td><td></td></tr>
<tr><td>NERTI VET. LEG.</td><td>*Veterani legion.*</td></tr>
<tr><td>XXII. P. F. ACCEPTIA</td><td>*22. pia fidelis.*</td></tr>
<tr><td>ACCEPTA CONIVGI</td><td></td></tr>
<tr><td>CARISSIMO ET SIBI</td><td></td></tr>
<tr><td>VIVA P. C. ET SVB ASC.</td><td>*Ponendã curauit.*</td></tr>
<tr><td colspan="2" style="text-align:center">DEDICAVIT.</td></tr>
</table>

Elle est voüée aux Dieux Manes, comme sont presque toutes les inscriptions tumulaires, & à la memoire d'*Vrogenonertus*, Veteran de la vingt-& deuziéme legion, par sa femme *Acceptia Accepta*. Ce mot *d'Vrogenonertus*, n'a point la politesse Romaine, mais il y a plûtot apparence qu'il est de l'ancien Gaulois, & quoy que les legions fussent composées de soldats Romains,

il

il n'y a pas de l'inconuénient, que plusieurs Gaulois, dont les Villes auoient la Bourgeoisie Romaine, ne pûssent estre aussi soldats Legionaires.

Ie croy que peu de personnes ont remarqué, sur la face de l'Eglise de S. Romain, qui est derriere S. Iean, cette inscription de quelqu'ancien Chrestien, qui avoit contribué a sa fondation : Ce qui marque son ancienneté.

```
TEMPLI FACTORES FVERANT FREDALDVS
ET VXOR  MARTVRIS EGREGII QD
CONSTAT HONORE ROMANI ILLIVS VT
P C BEQVE ANTVR SEDE P...ENNE......
```

C'est à dire, Fredaldus & sa femme ont esté les fondateurs de ce Temple, qui est dedié à l'honneur de S. Romain martyr excellent, &c. S'il est permis de conjecturer le reste, qui est assés embroüillé, je croy qu'il faudroit lire, *Illius vt precibus recreentur sede perenni*, afin que par ses prieres ils joüissent du repos Eternel : Et ce qui me le persuade encor mieux, c'est que je treuve, que ce qui est auparauant, sont deux vers, & qu'il les faudroit ainsi lire tous trois.

Templi factores fuerant Fredaldus & vxor,
Marturis Egregy quod constat honore Romani.
Illius vt precibus recreentur sede perenni.

Ie juge par les charactéres & par les autres inscriptions du même style que nous avons à
Lyon,

Lyon, que cette cy est enuiron du cinquiéme ou sixiéme siecle.

Saint Paul, est une autre Paroisse du même côté de l'eau, où il y a aussi un Corps de Chanoines. *Paradin* nous y cite quelques inscriptions ; mais j'ignore ce qu'elles sont dévenues, Ie n'y ay treuvé que ce mot LVGVDVNENS, à la base d'une des colomnes de l'Eglise ; ce qui augmente les preuves, de ce que nous avons avancé du mot LVGVDVNVM.

A l'entrée du Cloître à main droite, il y a dans le mur une plaque de Marbre en bas relief, dont plusieurs font grand estat, peut-estre sans l'entendre. C'est Nostre Seigneur, avec S. Paul, & un personnage à genoux, deuant N. Seigneur, son nom est écrit au coté *Richard*, & au dessus de sa teste, ce vers qu'il prononce, *Christe rei Miserere mei, medicina reorum.* Au dessus de S. Paul, il y a celuy cy, *Paulus ei peto dona Dei requiemque polorum*, & vers la teste de Nostre Seigneur, *pro Paulo, pro te mecum super astra fero te.* Tout cela est mysterieux pour moy, & je veux bien laisser aux curieux, le plaisir d'y réver, plûtost que de leur débiter quelque fable du peuple.

Dans l'Eglise de *S. Laurent*, qui est joignant celle de S. Paul, se treuva le tombeau de *Iean Gerson*, lors qu'elle fût rebâtie, il y a une quarantaine d'années ; & son Epitaphe y a esté rétably & écrit en lettres d'or, à la droite de la Chaire du Prédicateur. Il a été en grand réputation durant sa vie, & apres sa mort, par sa

science

fcience & par fes fçauans écrits , & les Curieux n'ignorent pas le fameux procés qui fût intenté, pour fçauoir s'il étoit l'Autheur , du Liure de l'Imitation de Iefus - Chrift , ou bien fi c'eftoit Thomas à Kempis.

A E.   M.
D. IO. CHARLIERI DE GERSON.
EVANG. CHRISTIANISS. PIIQ. DOCT.
RESTIT. CVM SYMB. PVBL. AC PRIVA.
LEMMA TITVLVS.

SVRSVM CORDA.

MAGNVM PARVA TENET VIRTVTI-
BVS VRNA IOANNEM,
PRÆCELSVM MERITIS GERSON
COGNOMINE DICTVM.
PARISIIS SACRÆ PROFESSOR THEO-
LOGIÆ.
CLARVIT ECCLESIÆ QVI CANCEL-
LARIVS ANNO
MILLENO DOMINI CENTVM QVATER
ATQVE VIGENO
NONO , LVCE PETIT SVPEROS IVLII
DVODENA.

POENITEMINI.

ET CREDITE EVANGELIO.

Nous apprenons par ces vers , qu'il étoit Profeffeur en Theologie, & Chancelier de l'Vniverſité de Paris, & qu'il mourut le 12. Iuillet de l'année 1429.

A la rüe de la *Iuifverie*, cette pierre fait le coin d'une porte, mais les bords en ſont un peu rognés : de ſorte que nous aurions peine à la lire, ſi Paradin ne l'avoit copiée C'eſt l'Epitaphe d'un enfant de ſept ans, par ſes Pere & Mere, qui n'a avec leurs noms, que les termes de tendreſſe ordinaires dans ces monumens.

D. M.

ET MEMORIAE AETERNAE

CAVI MAXIMINI

INFANTIS DVLCISSI-

MI. QVI VIXIT ANNIS

VII. MENS VII. D.

XII. FLAVIVS MASCEL. ET

MAXIMINIA MARSA

PARENTES FILIO

DVLCISSIMO PONEN-

DVM CVRAVERVNT

ET SVB ASCIA DE

DICAVERVNT.

Dies.

Dans la rüe de *Flandres*, vis a vis celle qui vient

vient de la Poste, il y a ce fragment, que ie n'ay pas
pû treuver décrit dans quelque Autheur.

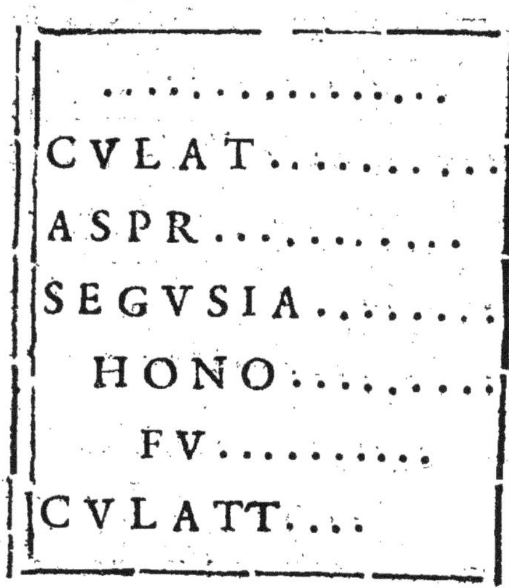

```
. . . . . . . . . . . . . . .
CVLAT . . . . . . . . .
ASPR . . . . . . . . .
SEGVSIA . . . . . . .
HONO . . . . . . .
FV . . . . . . .
CVLATT . . . .
```

C'eſt dommage, que nous ne puiſſions pas la
lire entiere, car il étoit icy parlé des Seguſiens,
dans la Province deſquels Lyon avoit été bâty,
& *Strabon* dit, qu'elle en étoit la Capitale; *Hanc*
vrbem genti Seguſianorum præſidere conſtat, quæ in
medio Rhodani & Dubidis iacet.

Ce pays comprenoit ce que nous appellons
maintenant, *Foreſts, Lionnois, Baujolois, Breſſe &*
Dombes. Il eſt vray que quelques-vns ont crû, que
ceux de *Breſſe* étoient appellés *Sebuſiani*, fondés
ſur un paſſage de Iules-Cæſar, qui peut avoir aiſé-
ment été corrompu pour *Seguſiani*, mais celuy
que nous venons de citer, de la Geographie de
Strabon place ces Seguſiens, entre le Rhoſne & le
Doux, qui eſt proprement la ſituation de la Breſſe.

Pline, dit de ce pays, qu'il étoit libre, c'eſt à

dire franc des tributs, & des coutumes Romaines : *Segusiani liberi in quorum agro colonia Lugdunum.* Il est vray que les anciens exemplaires lisent *Alby*, pour *Segusiani*, & de *Rubys*, croid que ces Albiens étoit proprement, le territoire d'autour de Lyon, compris sous les Segusiens, & qu'il étoit ainsi appellé, à cause de la terre blanche qui s'y treuvoit, propre à faire de la vaisselle, comme celle de Fayence. Il fait d'assés jolies remarques la dessus, que les curieux pourront voir dans son histoire.

Hist. de Lyon p. 14.

Vn autre des principales Villes des Segusiens étoit *Feurs* en Forests, qu'on appelloit *Forum Segusianorum*, comme il est aysé de conjecturer par l'analogie du mot de *Feurs*, corrompu du mot de *Forum*; de même que par une inscription antique citée dans plusieurs Autheurs, laquelle se treuve dãs cette Ville-là. *Numini Aug. Deo Sylvano Fabri Tignuarij qui Foro Segus. consistunt D. S. P. P.* ou *de Rubys*, remarque que ce pays estant abondant en Bois, d'ou il a pris le nom de Forests, il est icy parlé de ceux qui travailloient à couper le bois, & à la charpenterie, qui faisoient leur résidence à Feurs. Personne n'ignore aussi que ce Dieu Sylvanus, étoit le Dieu des Bois.

De plus un curieux de Montbrison, nommé Monsieur de la Mure, possede un poids antique treuvé dans ce pays-là, avec cette inscription relevée en lettres d'argent.

D E A E.
S E G. F.
P O N D O.
X.

Ce qui fe doit, s'il me femble, expliquer *Dea Segufianorum Fori, à la Deeffe de Feurs :* qui étoit ou quelque Deité particuliére, ou même Diane, la Deeffe des Bois. Pondo X. marque que ce poids eft de dix liures Romaines,

Ie ne doute point que ce mot de *Segufiani*, n'ayt auffi quelquefois été changé en *Secufiani*, quoy-qu'en dife de *Rubys*, qui fait un grand myftere de la différence de ces deux pays. Le G. & le C. ont tant d'affinité, qu'il eft affez ordinaire de les voir prendre l'un pour l'autre. I'ay une ancienne Monnoye de quelque Comte de Forefts, qui a d'un côté Vmbertvs & de l'autre Secvsia, qui nous denote fans contredit le Forefts.

Laiffons-là le Forefts, & revenons à Lyon, où nous treuverons encor avant que quitter la rüe de Flandres, une infcription Romaine entre les mains de Monfieur Alexandre Colbenfchlag, fur un marbre qui luy a fervy il y a long-tems, de pierre à broyer, & étoit venu de chez Monfieur le Cardinal de Tournon, qui avoit été fort curieux de ces fortes de bijoux.

L. AVRELIO L. FIL ..
QVIR. GALLO CO ..   Consuli.
PRAEF. AER. SAT. PRAEF.   Præfecto
FRVM. DANDI PROCO ...   ÆrarijSaturnifruměti.
PROVINC. NARBONENS.
LEGATO AVG. LEGON. III
GALLIC. CVRATORI VIAR.
CLODIAE ANNIAE CASSIAE.
...MINIAE ET NOVAE TRAI·
LEGATO PROVINC· AFRICAE
..TR. PL. QVAEST. PROVINC.   Tribunoplebis.
....

Quoy que ce marbre foit rongé de côté &
d'autre, on ne laiffe pas de deviner à peu pres
tout ce qu'il contenoit : Et il ne feroit pas jufte
de laiffer dans la pouffiere, un monument d'une
perfonne de la qualité, de cét *Aurelius Gallus,*
fils de Lucius, de la Tribut appellée Quirina,
dont il eft icy fait mention. Il étoit donc, ou il
avoit êté Conful, Intendant du Threfor public,
qu'on gardoit au Temple de Saturne, Commif-
faire des grains qui fe diftribuoient au peuple,
Proconful de la Province Narbonnoife, Lieutenant

nant pour l'Empereur , de la troisiéme legion
Gauloise, Pourvoyeur & Maître des grands che-
mins, appellés de Clodius, d'Annius , de Cassius,
& de Ciminius & du nouueau Trajan, Gouverneur de la Province d'Afrique , Tribun du Peuple , Thresorier Provincial, *&c.*

Si les dernieres lignes n'y manquoient pas
nous en sçaurions quelque chose davantage.

CHAPITRE III.

Eglises & autres lieux antiques sur la mon-
tagne. Minimes. Reste du cirque. Reste du
Palais de Seuere & de Claude. Fourviere.
Inscriptions Romaines.

SI nous venons du bas de la Ville , à la
montagne de Fourviere, nous y treuverons
beaucoup plus de vénerables restes de l'Antiquité ; parce-que c'est l'endroit où Lyon, a été placé
dans le commencement.

Il est vray que le sçauant Monsieur de Marca,
apres avoir consideré, ce que les anciens Autheurs disent, de l'assiete de Lyon , comme Seneque dans les vers que nous avons cité, &
ayant sceu qu'il s'estoit treuvé, un reste de cirque a la côte S. Sebastien , que même les tables
de fonte, de l'Empereur Claude y auoient été
deterrées , il a crû que tout cela preuvoit, que
Lyon avoit été premierement bâty, sur cette côte

 Recherche des Antiquités & curiosités
de la Croix-rouffe, appellée autrement de Saint
Sebaftien.

I'ayme pourtant mieux fuivre l'opinion commune ; & les bâtimens foûterrains, les Aqueducs, & toutes les autres antiquités, qui fe treuvent du côté de Fourviere, m'empêchent de
douter qu'elle n'ayt été premierement bâtie la
haut deffus.

Ce n'eft pas qu'avec le tems on ne vint auffi
à bâtir fur l'éminence oppofée de S. Sebaftien,
ou que mêmes les Romains n'y peûffent avoir
conftruit quelque Fort dês le commencement,
pour défendre de ce côté là, l'approche de la
Ville. Ce qu'on verra dans ce Liure de côté &
d'autre, fournira aux Lecteurs judicieux des piéces juftificatives, pour en donner leur décifion.

A ce fùjet il ne fera pas mal à propos de vous
dire, que les RR. PP. *Recolects*, qui font logés
fur la pante de Fourviere, ayans eu deffein l'année paffée, de clorre leur bien de murailles,
treuvérent en creufant affez de pierre, & au de-là
de ce qu'ils en avoient befoin pour bâtir. Ils y
découvrirent en fuite fort avant en terre, des
Aqueducs, & quantité de charbons & de la
pierre brûlée triftes reftes de ces deux embrafe-
mens, dont la Ville fût prefque toute confumée,
fous l'Empire de Neron, & fous celuy de Severe.

Ie ne parle point des autres antiquités, qui y
ont été deterrées, comme Vrnes, lachrymatoi-
res & Medailles parce que tout le terroir de
Lyon en fournit de mefmes : & j'ay moy même
une fois acheté environ 700. medailles de bas
argent,

argent, qui avoient êté treuvées tout à la fois dans une vrne, à un village aupres de Lyon appellé *Chapponay.*

I'ay découvert dans leur Convent les trois inscriptions suivantes, dont les deux prémieres ne nous auoient pas êté données par nos Historiens, & l'autre ne l'auoit pas êté avec exactitude. Celle cy est au coin d'un Pavillon, qui regarde sur le chemin.

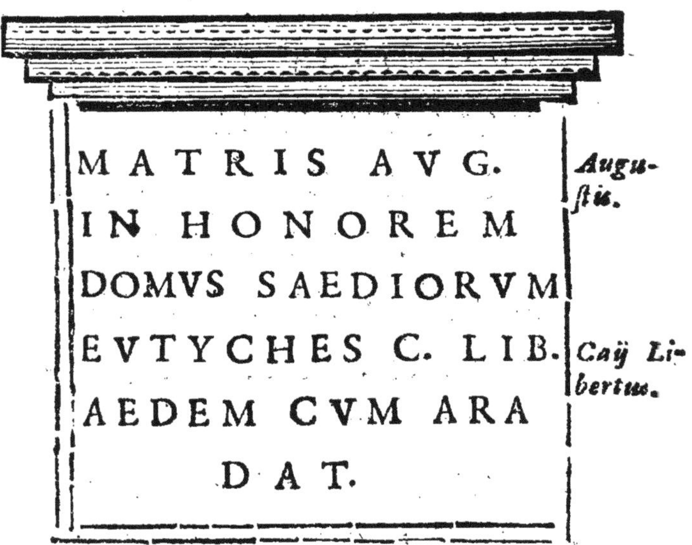

Augustis.

Caÿ Libertus.

C'est à dire qu'*Eutyches* Affranchy de Caius, avoit fondé un Temple avec un Autel, à l'Honneur de la Maison des Sædiens, qui pouvoit être quelque Famille illustre dans Lyon. Nous parlerons de ces Meres Augustes, auxquelles cette pierre est dediée dans le Chap. 5. Gruterus l'a citée assés bien, si ce n'est qu'il met *Sediorum,* pour *Sædiorum,* & qu'il ne dit pas en quelle Ville elle se treuve.

```
┌─────────────────────────────┐
│        D   ET   M           │
├─────────────────────────────┤
│  MEMORIAE  AETER-           │
│  N A E                      │
│  POMPEIO FELICI EX-         │
│  ACTA PROCVRATORIS          │
│  QVI VIXIT ANN. LX.         │
│  IVLIA VIVENTIA CON-        │
│  IVX QVAE CVM EO VIX        │
│  ANN. X. SINE VLA ANI-      │
│  MI LAESIONE PONEN-         │
│  DVM CVR. ET SVB A.D.D.     │
└─────────────────────────────┘
```

Ie ne fçay s'il ne faudroit point lire *Exacto-rum Procuratoris*, pour dire que ce *Pompeius Felix* étoit Receveur des Tributs : Le reste ne dit rien, si ce n'est que sa femme *Iulia Viventia*, témoigne avoir vescu avec luy dix années sans demélé : ce qui est aussi rare, en effet, qu'il est commun dans nos Inscriptions antiques.

Cette

```
        ET MEMORIAE AETERNAE
        SOLEMNIO FIDO MILIT LEG. I.
D       MINERVIAE IMMAGINIFERO       M
        MATVRINIA VICTORINA CON-
        IVGI CARISSIMO PONENDVM
        CVRAVIT ET SVB ASCIA DE-
        DICAVIT.
```

Cette inscription peut servir d'exemple pour
montrer quelle exactitude est necessaire en
copiant ces sortes de monumens : puis qu'une
seule lettre oubliée dans celle-cy par tous nos
Autheurs, en change si fort le sens. Car ils ont
tous crû, s'en rapportant sans doute les uns aux
autres, qu'il y avoit *Minerva Imaginifero*, & sur
cela ils ont raisonné touchant ces porteurs de
l'image de Minerve, comme sur une chose bien
asseurée : au lieu qu'il y a *Minervia*, qui est un
sur-nom de la prémiere legion. Ainsi il est
aysé de comprendre, que ce *Solemnius Fidus*,
à qui *Maturinia Victorina* sa femme, avoit
fait creuser ce tombeau de pierre, étoit soldat
& Portenseigne de la prémiére Légion Miner-
vienne, de même que *Ti. Claudius Pompeianus*
étoit le Tribun de cette même legion ; comme en
fait foy l'inscription de Severe citée au Chap. I.

Dans

Dans la vigne des *Minimes* l'on void encor,
les mazures de l'Amphiteatre de la maniére que
ce deffein vous les réprefente. Ou plûtoft ce n'eft
qu'un Théatre ; car il n'y a que le demy cercle.

A. eft tout le tour du Theatre ou fe logeoit
le peuple. **B.** Des niches pour fe loger & s'af-
feoir, ou des fonds de galeries & de montées.
C. Vne des voutes qu'on appelloit *Cauea*, pour
fervir de prifons aux beftes qu'on faifoit com-
battre. **D.** L'Orcheftra ou parterre au s'affeoient
les plus apparens. **E.** Le lieu des Arenes ou fe faifoient les combats & les jeux, qui êtoit alors ap-
plany ; au lieu que ce n'eft maintenant qu'une
colline de vignes.   Il

Il y en avoit autrefois un , dont Gabriel Simeoni témoigne avoir veu les mazures à la côte
S. Sebaftien , dans un verger qui eft maintenant
à Monfieur *Du Soleil*; mais il n'y paroit maintenant , que l'endroit où il pouvoit être fitué.

Les Curieux doivent encor voir dans ce Convent , la *Sacriftie* remplie d'excellens tableaux
d'Hiftoires du viel & du nouveau Teftamét,faits
par Perier excellent Peintre de fon temps. Ceux
du fonds , & une Cene qu'il y a, font eftimés les
meilleurs.

A la montée de *Gourguillon*, dans la cour de la
maifon de Monfieur Orlandin, que les Religieufes du Verbe Incarné ont acquis depuis peu , eft
cette belle pierre , que nôtre Ancien Antiquaire
Monfieur du Choul , qui a écrit de la Religion
des Romains , y avoit fait apporter : car c'eftoit
là fa maifon , & on y void encor fes armes fur
la porte. Guichard a cité cette infcription dans
fon Liure des Funerailles ; mais Paradin , ni les
autres Hiftoriens de Lyon , n'en font point de
mention.

D. M

ET MEMORIAE AETERNAE
FAVSTINI
M. AVRELII INFANTIS DVLCIS-
SIMI ET INCOMPARABILI QVI
VIXIT ANNIS VIIII. M. II. D. XIII.
QVI SIBI ANTE MORTEM RO-
GAVIT QVAM PARENTIBVS
SVIS C. IVL. MAXIMVS FILIAS-
TRO ET AVRELIA FAVSTINA
MATER VNICO FILIO DESO-
LAT. P. C. ET SVB ASCIA DEDI-
CAVERVNT. MVLTIS ANNIS
VIVAT QVI DIXERIT ARPAGI
TIBI TERRAM LEVEM.

Il faut lire *Marci Aurelij Fauſtini* : ce dernier mot ayant êté inſeré par le Sculpteur, qui l'avoit apparemment oublié. La coutume des noms Latins, connüe à ceux qui ne ſont pas nouices dans l'hiſtoire Romaine, & le nom de la Mere *Aurelia Fauſtina*, mettent la choſe hors de conteſte. *Incomparabili*, eſt auſſi une faute du Sculpteur pour *Imcomparabilis*.

Au

Au reſte l'eloge eſt beau, de dire qu'un enfant âgé ſeulement de neuf ans, eût la diſcretion de ſouhaitter plûtoſt ſa mort, que celle de ſes Pere & mere. Le terme de *Filiaſter*, qu'il adjoûte pour dire *Privignus* Beau-fils, eſt aſſurément tres-rare, & ſoit qu'il vint d'une Province où l'on ne parloit pas le beau Latin, ou bien qu'il ſe fut introduit ſur le déclin de l'Empire, & de la pure Latinité ; il eſt certain qu'on aura de la peine à le treuver chez quelque Autheur ancien.   Ce Pays ſe ſert du mot de *Filiâtre*, pour dire Beau-fils, qui vient ſans doute de là.

Le mot d'*Arpagi* n'eſt pas ſi facile à déviner, & à moins que ce ne ſoit quelque terme de mignardiſe qu'on donnat aux enfans, comme l'on dit en François *Poupon*, j'avoüe que je ne ſçay ce qu'il pourroit ſignifier.

Pour cette façon de parler, *de ſouhaitter la terre legére aux morts*, elle n'eſt pas rare dans les Epitaphes Payens : c'eſt qu'ils craignoient que l'ame n'eût peine à ſe dégager du corps, ſi elle étoit accablée par un trop grand fardeau de terre. C'eſt la raiſon pour laquelle ils fouloient au pied le lieu de la ſépulture où étoient enterrés ceux à qui ils vouloient du mal, avec cette imprecation *Sit tibi terra gravis* ; au lieu que le terme ordinaire, dont il ſe ſeruoient pour les amis, étoit *Sit tibi terra levis*.

Si nous recherchons avec ſoin les tombeaux anciens des Payens, il n'eſt pas juſte de négliger ceux des Chreſtiens, qui ont le méme characteré d'Antiquité.

En

En voicy deux qui font à la place de S. Iuſt
à la face d'une maiſon qui eſt proche des Minimes , & qui leur appartient.

✝ EPITAPHIVM HVNC QVINTVIS LECTOR

BONE RECORDATIONIS AGAPI NEGVCIA-

TORIS MEMBRA QVIESCVNT NAM FVIT

ISTE STACIO MISERIS ET PORTVS EGINIS

OMNEBS ARTS FVIT PRAECIPVAE LOCA

SCTORVM ADSEDVE ET ELEMOSINAM ET

ORACIONEM STVDVIT VIXIT IN PACE

ANNS LXXXV. OB VIII. KAL. APRILIS LXI.

P. C. IVSTIN. INDICT. QVARTA.

Poſt Con-
ſulatum.

Quoy que cet épitaphe ne ſoit que du cinquiéme ſiecle , comme on peut comprendre par
la fin, P. C. IVSTIN. INDICT. QVARTA, la quatriéme indiction apres le Conſulat de Iuſtin, on
ne laiſſe pas d'y voir deja, combien le Latin avoit
déchû de ſa beauté , par le debordement des
Gots en Italie ; *Epitaphium hunc quintuis* , pour
dire *Epitaphium hoc quod intueris. Neguciatoris*
pour *Negotiatoris. Eginis* pour *Egenis. Adſedu*
pour *Aſſiduè* , &c.

Au reſte cette inſcription témoigne que ce

Agapus

Agapus, dont les os répofoient deffous, étoit
un negotiant qui avoit été fort charitable envers
les pauvres, & qu'il s'eftoit principalement
adonné à vifiter les Tombeaux des Saints, à exercer des aumônes & à être affiduellement en
prieres.

HOC TVMVLO
IACET BONOM
MEMORIOM
RAPSO CVI
VIXIT ANN.
XXXV.

Pro qui.

Celle cy n'eft pas fort édifiante, car elle ne
nous apprend autre chofe, fi ce n'eft qu'un
nommé Rapfo, qui avoit vécu trente-cinq ans
devoit être enterré prés de là où elle avoit été
mife. *Bonom memoriom* & *Bonus memorius*, que
nous verrons dans une infcription de S. Ireneé,
font des fleurs de la Rhetorique de ce tems-là.
La Croix qui eft deffus, marque que c'eft d'un
Chreftien; car comme alors le Paganifme n'étoit
pas encor étouffé dans l'Europe, les Chreftiens
avoient foin pour l'ordinaire de faire graver des
D

Croix

Croix sur leur tombeaux, de peur qu'on ne vint un jour confondre leur cendre avec celle des Payens : & les curieux qui passeront à Arles, le pourront bien remarquer au cimetiere des Minimes, ou il y a une tres-grande quantité de tombeaux de pierre de Payens & de Chrestiens.

Ie ne treuve rien qui nous doive arréter à S. Iust, si ce n'est la memoire de cette belle Eglise qu'avoit fait bâtir **S. Patient** Evéque de Lyon, dont la description nous est donnée dans la riche poësie de *Sidonius Apollinaris*, qui commence,

Quisquis Pontificis, patrisque nostri,
Collaudas Patientis hîc laborem, &c.

Il est vray que quelques-uns croyent que c'est celle de S. Irénée. Nous devons aussi regretter la perte d'un superbe tombeau, que ce même Autheur nous apprend y avoir été, de *Syagrius* Consul Romain, qui étoit Chrétien & natif de cette Ville : de méme que *Sidonius Apollinaris*, qui fut apres Evéque de Clermont.

Tout aupres de S. Iust il y a un Conuent des *Vrsules*, & dans les vignes de ces Religieuses, l'on void des voutes sous terre percées de plusieurs portes, que le Iardinier peut montrer aux curieux. Le peuple les appelle *la Grotte Berelle.* Ce sont apparemment des Bains Romains de quelque bel-Hostel. Ils meritét d'estre vûs, quand ce ne seroit que pour voir de la maniére, dont il sont encrustés, d'un ciment à l'antique presque aussi dur que la pierre même. Ce qui fait que cela semble estre tout d'une piece.

Ioignant ce Convent, dans la Cour de Mr
Duxio

Duxio, la pierre qui suit, que ie n'ay point veu décrite, fait le coin d'vne muraille.

MEMORIAE
AETERNAE
RVSTICINI
ERENNI VET.
LEG. XXXVI. C. QVI
VIXIT ANNI LXXXX.
PATRI PIENTISSI....
D....
RVSTICINIA VR.... PONEN-
DVM CVRAVIT ET
ESTIVIA VRSA CON-
IVX QVAE CVM EO
VIXIT ANNIS XXXXII. SI-
NE VLLA MACVLA
SVB ASCIA DEDICAVERVNT

Veterani.

C'eſt l'Epitaphe d'vn ſoldat des vieilles ban-des, appellé *Ruſticinius Erennius*, de la 36. Le-gion âgé de quatre-vint & dix ans. C'eſt vn pro-dige que les Romains entretinſſent tant de ſoldats; car 36. Legion font preſque 250. mille hommes, la Legion eſtant compoſée, comme écrit **Vegece**, de 6826. hommes, dont 726. étoient Caualiers : ſans compter les troupés Auxiliaires, qui ſe montoient ſouvent à plus grand nombre, quand ils en avoient beſoin.

Cette Famille *Ruſticinia* paroiſſoit encor dans une Inſcription, qui ſe voyoit autrefois à Lyon, & que Gruterus nous a conſervée.

D. M. & memoriæ æternæ Æſtivi Vaſioni, qui vixit ann. XXXV. D. XIIII. Ruſticinia Vennonia conjugi dulciſſimo po. & ſub aſcia dedicauit, procurantibus Victorio Eutychete & Apri. Alexandro.

En montant à Fourviere, on treuve un Convent de Religieuſes de la Viſitation, qu'on appelle encor *l'Antiquaille*, parce qu'on tient que c'eſtoit là où les Gouverneurs Romains avoient anciennement leur Palais, & particulierement Severe, lors qu'il réſidoit a Lyon, en qualité de Lieutenant des Gaules, pour l'Empereur Commode. On treuva il n'y a pas long-tems dans cette Ville, des briques ouvragées en bas relief, qui doivent eſtre des corniches de ce Palais, puis que le mot de SEVERI y eſt gravé fort liſiblement. J'en conſerve dans mon Cabinet, vne ſemblable, qui m'a été donnée par Monſieur *Carie*.

Cependant le bâtiment eſt tout nouveau, & il ne reſte rien de ce Palais Antique, que quelques Aqueducs, qu'on y découvre ſous terre, & vne belle inſcription en vers Latins, qui n'eſt pourtant

tant que d'un particulier appellé *Claudius Ru-*
finus.

D.   M.

M. AETERNAE L. CL. RVFINI
CL. HVNC VIVVS STYGIAS RVFINVS
AD VMBRAS INSTITVIT TITVLVM
POST ANIMAE REQVIEM   QVI TES
TIS VITAE FATIS SIT LEGE FVTVRVS
CVM DOMVS ACCIPIENS SAXEA COR
PVS HABENS QVODQVE MEAM RE
TINET VOCEM DATA LITTERA SAXO
VOCE TVA VIVET QVISQVE LEGET
TITVLOS. ROTTIO HIC SITVS EST
IVVENILI ROBORE QVONDAM....
CVI SIBI MOXQVE.......
NVTRICI MARCIANAE ITEM
VERINAE COLLATIA HAC
MONVMENTA DEDIT ET SVB
ASCIA DEDICAVIT
CVRANTE CL. SEQVENTE PATRONO

Le mot de *Titulus* pour signifier un Epitaphe,
& celuy de *Domus Saxea,* pour dire un tombeau

de pierre, font affes particuliers. Ie ne m'arrête pas à l'explication, parce qu'auffi bien elle ne fera gueres vifible aux Curieux, étant, comme elle eft, renfermée dans un Convent de Filles.

Vn peu plus haut que l'Antiquaille, en allant à Fourviere, on apperçoit vn grand *Pan de muraille*, ayant vne couche de brique & vne de pierre, cimenté d'vn fi fort ciment, qu'il eft prefque à l'épreuve du fer; qui font deux marques de fon Antiquité. Monfieur le Prieur Guignard dans les vignes duquel eft ce mur, tient que c'eft un refte du Palais de l'Empereur Claude, qui étoit né à Lyon & qui y avoit démeuré, quelque-tems. Les raifons qu'il en donne m'obligent à déferer aux fentimens d'un fi habile homme.

Premierement, dit-il, la fituation & la belle veüe de ce lieu étoit tres-propre pour le Palais d'un fi grand Seigneur. On peut maintenant decouvrir de là, fix Provinces : Le Dauphiné, la Savoye, la Breffe, la Principauté de Dombes, le Forets, & le Lyonnois.

En fecond lieu la hauteur & l'épaiffeur de ce mur, nous doivent perfuader, que ce n'a pas été là dépenfe d'un particulier.

Enfin ce que l'on treuve tous les jours là auprès, nous doit convaincre qu'il y a eu autrefois un fuperbe Palais dans ce lieu. On y a découvert des Aqueducs en grand nombre, qui fe partagent en differens conduits, on y a deterré des marches d'efcaliers, des pieces de Statues de marbre, des carreaux de Porphyre de marbre, de Iafpe &

d'autres

d'autres pierres precieuses. Ce qui nous fait affés
voir le debris de quelque lieu Magnifique, qui
doit apparemment avoir été de l'Empereur Claude, celüy de Severe ayant été placé, comme nous
avons dit, à l'Antiquaille.

On est en peine de fçavoir si le mot de Fourviere vient de *Forum Veneris*, d'un Temple qu'on
pretend avoir été bâty là haut deffus, dedié à la
Deeffe Venus, ou de *Forum Vetus*, le vieux marbre, comme Paradin dit qu'il là treuvé nommé
dans des vielles Pancartes. Ioignant l'Eglife qui
paroit de cinq ou fix lieües en arrivant à Lyon,
il y a une plateforme d'où l'on découvre prefque
toute la Ville, & on y a tranfporté une Pyramide moderne, qui étoit il y a vint ans aux Terreaux.

Dans la maifon de Monfieur *de Seve*, qui
n'en eft pas éloignée, il y a encor quélques ma-
fures & arcades antiques, & à la porte un grand
Baffin de pierre rompu, ou nous ne pouvons lire
que les dernieres lignes de l'infcription, que Paradin nous à citée toute entiere, & qui étoit de
fon tems à la Guillotiere.

```
D   ET   QVIETI   AETERNAE
    EVTYCHIANI  FILI  DVLCISSIMI
    PIENTISSIMI   ET   PRVDENTISSIMI
    REVERENTISSIMIQVE   VERGINI      M
    QVI   VIXIT   ANNIS   XVIII.
    M.  II.  D.  III.  ROMANVS   PATER
    PONENDVM   CVRAVIT   ET   SVB
    ASCIA   DEDICAVIT
```

Ce font des Eloges d'autant plus beaux que
la Pieté, la Prudence & la Modeftie font des
qualités rares à un jeune homme de XVIII. ans,
comme étoit cét *Eutychianus*, à qui fon Pere
rend ce témoignage. Le mot de *Virgo* fe prend
auffi rarement au mafculin. Pour ce qui eft de
Vergini pour *Virgini*, il eft affés ordinaire dans
les Antiques d'y voir l'E. pour l'I.

Dans la Cour de la même maifon, cette pierre
eft engagée dans le mur.

```
ET  QVIETI  AETERNAE
DOMITIAE  HEVTYCHIAE
FEMINAE  PIENTISSIMAE
QVAE  VIXIT  ANNIS  XX
III. M. IIII. D. XIIII. DOMITIVS
HEVTYCHIANVS.....
. . . . . . . . . . . . . . . . . . . . . . .
. . . . . . . . . . . . . . . . . . . . .
```

Ces Eutychiens marquent par leur Etymologie, avoir été, des familles Grecques, dont Lyon étoit beaucoup peuplé.

Dans la vigne qui eſt de la dependance de cette maiſon, ce fragment de marbre qui ſe voyoit autrefois à Vienne, eſt au coin d'un Pavillon.

```
...PRONIVS A
...STVS Q. FLAM.
```

On n'en peut tirer aucun ſens, ſi ce n'eſt qu'il ſemble y étre parlé d'un certain *Apronius, Flamen* ou Preſtre de quelque Divinité.

A un lieu qu'on appelle *la Serra*, derriere Fourviere

viere, où il y a une des belle veües de Lyon, j'ay treuvé proche d'une petite maifon, d'où l'on decouvre Pierre-fcize, cette pierre prefque toute effacée.

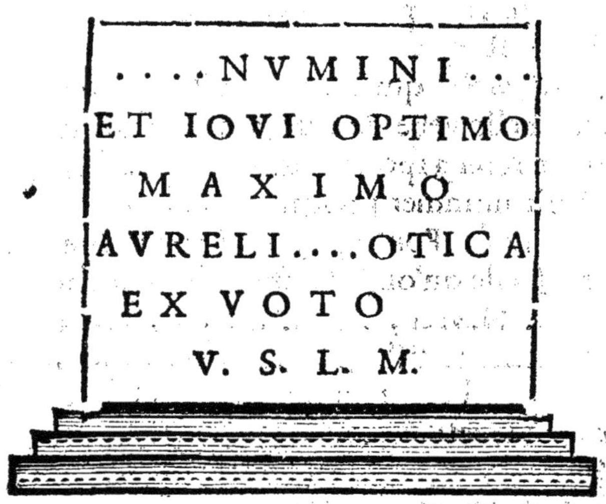

C'eft un vœu qu'Aurelia Zotica, avoit rendu à Iupiter & á quelqu'autre diuinitê, dont le nom devoit eftre au commencement.

Lyon eft admirable pour les belles veües qu'il y a. Monfieur *Forets* Peintre du Roy, vn des plus excellens Payfagiftes qui foit au monde, étant venu icy exprés de Paris, l'année paffée, en tira vne quinzaine, aprés quoy il ne fe peut rien voir de plus beau, particulierement celle qu'on a du jardin des *Carmes Déchaux*, que les Eftrangers ne doivent pas oublier d'aller voir, quand le tems eft ferain.

Il y a dans leur Eglife des baluftres, des colomnes & autres ornemens de Chapelle, de cette

te belle pierre, qui fe treuue à S. Cire à vne lieuë de Lyon, laquelle étant polie, femble ne rien ceder au marbre en beauté & en dureté. Dans la Chapelle de Sainte Therefe, il y a vn Tableau de cette Sainte, fait par *Gorchin,* dont les ouvrages font bien eftimés.

Les *Capucins* qui font au deffous, ont auffi vne tres-belle veüe de leur jardin : mais fi ie me voulois arrêter à fpecifier toutes nos belles veües, il faudroit nommer prefque toutes les maifons, qui font ou fur Fourviere, ou fur la côte S. Sebaftien. Celle qu'on a de chez Mr Blanchet l'aîné, en ruë Neyret, eft vne des plus charmantes qui foit dans la Ville, & tous ceux qui la verront dans vn beau-tems en conuiendront ~~facilement~~ facilement avec moy.

CHAPITRE IV.

Porte de Saint Iuft. Saint Irenée. Aqueducs,
Infcriptions antiques.

ON n'eft pas plûtoft forty par la Porte de S. Iuft, qu'on aperçoit vne groffe pierre couchée, deterrée depuis quelques années par là auprés. Voicy ce que j'y ay pû lire auec affez de peine.

C'eft

*Angu-
rum vel
Auguflo-
rum.*

C'eſt l'Epitaphe de *Quartus Vlpius Primi-
tivus*, affranchy des Augures de Lyon, dont il
aura occaſion de parler dans ce Chapitre. Ce
qui ſuit ſont des termes de tendreſſe de ſa femme
Quartia Secundilla, qui auoit vécu avec luy 22. ans
7. mois & 25. jours.

Nous n'avons encor rien dit de ces termes,
ſub aſcia dedicare, qui ſe treuvent ſi ſouvent aux
Inſcriptions tumulaires des anciens Payens.

Monſieur

Mr Chorier qui a décrit les Antiquités de Vienne, l'explique fort ingenieusement : *σκια*, *dit il*, signifie en Grec *ombre*, d'où se fait le mot de *ἀσκια*, & en Latin *Ascia*, *vn lieu sans ombre* : & l'on auoit accoûtumé de mettre les tombeaux à découvert, ou dans vn lieu sans ombre.

Il est vray que le commun des Antiquaires prend ce mot d'*Ascia*, pour l'instrument dont on coupoit & polissoit la pierre, pour la placer sur les sépulchres. D'où vient que dans les Loix des XII. Tables, il y a cét Article, Rogvm Ascia ne poleito. *Que l'on n'eût pas à polir les tombeaux.* Mais on negligea cette Loy, & les Romains étans devenus & plus puissans & plus riches, ne voulurent pas quitter leurs pompes & leur vanité, mêmes apres leur mort. Témoins tant de superbes Mausolées, qu'on void encor dans toute l'Italie, & dans les autres Prouinces de leur Empire. Il y en a qui croyent qu'vne certaine marque faite en façon de coignée, qu'on void souvent au dessus des Inscriptions antiques, est cette *Ascia*, dont nous auons parlé.

Vn peu plus auant dans cette méme place, qui est devant la Porte de S. Iust, tout joignant la Croix, on void cette grosse Pierre, qu'on peut ébranler avec le bout du doigt, & la faire pancher de côté ou d'autre, pourveu qu'il n'y ayt pas dessous, de la terre, qui rende son Equilibre inutile. Quoy que ce ne soit pas vne chose de grand'consequence, neanmoins parce que les Itineraires Etrangers en parlent, il ne seroit pas

juste

Leg.91.

Pierre qui branle.

pas juſte qu'on nous ſoupçonnât de l'ignorer.

A trente pas de là, vous entrés dans la vigne de Mr *Guillon*, où vous pouvés voir au coin d'vn Pavillon, qui regarde ſur le Rhône, cette Inſcription engagée dans le bâtiment.

```
          D.              M.
              E T
MEMORIAE   AETERNAE
MATTONI  RESTITVTI  CIVIS
TRIBOCI  NEGOTIATORIS
ARTIS  MACELLARIAE  HO
MINIS  PROBISSIMI  QVI  DE
FVNCTVS  EST  ANNOR. XXXX.
MEN. III. D. XVIII.
RVTTONIA  MARTIOLA  CON
IVNX  QVAE  CVM  EO  VIXIT
ANN. VIIII. D. VIIII. SINE VL
LA  ANIMI  LAESIONE  ET
MATTONIVS  GERMANVS
RELICTVS  A  PATRE  ANN. IIII.
MEN. I. D. XII. ET MATTONIVS
RESPECTINVS  MENS  VIIII.
FIL.  ET  HEREDES  PONEN
DVM  CVRAVERVNT  SIBI
VIVI  SVB  ASCIA
DEDICAVERVNT
```

C'eſt une pierre dreſſée ſur le tombeau de *Mattonius Reſtitutus*, Marchand Boucher, qui étoit

étoit un homme de Bien, s'il en faut croire ſa femme *Ruttonia Martiola*, qui luy avoit ſurvécu avec deux fils, *Mattonius Germanus*, âgé de quatre ans, & *Mattronius Reſpectinus*, ſeûlement de neuf-mois.

Il n'y a que *Triboci*, qui peut faire de la difficulté Paradin dit que ce mot ſignifie le Pays d'Alſace : Ie laiſſe à part qu'il faudroit dire *Tribocci*, parce que les Sculpteurs écrivent ſouvent ſur la pierre ce qu'ils n'entendent pas, & qu'on ne doit pas eſtre garant de leurs erreurs. Mais comme je ſuis aſſés libre à dire mes penſées, j'ay toûjours ſoupçonné, que ce devoit eſtre le nom de quelque Ville de nôtre voiſinage, & ne treuvant point de mot qui ayt plus de rapport avec *Tribocum*, que celuy de *Trevoux*, je me ſuis perſuadé que c'eſt d'un Bourgeois de cette Ville là, dont il veut parler, & ce qui peut donner quelque couleur à cette conjecture, c'eſt que ce Pays du côte de Trevoux, nous fournit aſſés de bétail, pour croire que ce *Mattonius* faiſant ce négoce, pourroit étre venu mourir à Lyon, où que la pierre pourroit avoir été tranſportée de Trevoux, qui n'eſt qu'à quatre lieües d'icy ſur la Saône.

L'Egliſe & le quartier de S. Irenée ont retenu le nom de noſtre ſecond Evéque, qui s'eſt rendu celebre dans les ſiécles qui l'ont ſuivy, par ſes ſçavans écrits,& par l'opinion de Sainteté,qu'on a eüe de luy : juſqu'a preſent mémes, le peuple va baiſer toutes les années le jour de ſa Feſte un

morceau

morceau de son Crane, qu'on conserve dans cette Eglise avec grande déuotion. On montre aussi dans le même lieu, une piece de colomne de marbre, ou l'on dit qu'on attachoit les Martyrs, pour les maltraitter.

A l'entrée de l'Eglise, on ne doit pas oublier de voir ce curieux ouvrage de Mosaïque dont tout le pavé étoit autrefois composé. Voicy huit vers qui en restent, qu'a peine a t'on pû preseruer de l'injure du tems, pour conseruer la mémoire de ces 19. mille Chrestiens, qui souffrirent le martyre avec Saint Irenée, sous l'Empereur Severe.

> *Ingrediens Loca tam Sacra iam rea pectora tunde.*
> *Posce gemens veniam, Lachrymas hic cum prece funde.*
> *Præsulis hic Irenæi turma iacet sociorum,*
> *Quos per Martyrium perduxit ad alta polorum.*
> *Istorum numerum si nosce cupis tibi pando,*
> *Millia dena nouemque fuerunt sub duce tanto.*
> *Hinc mulieres & pueri simul excipiuntur.*
> *Quos tulit atra manus nunc Christi luce fruuntur.*

Ces ouvrages de Mosaïque ne sont gueres plus anciens, que de six ou sept siecles, & ces vers latins avec rime sont aussi des productions d'environ ces tems-là, & du depuis mêmes, il ont été fort en vogue. On à copié en deux ou trois

autres

autres endroits de l'Eglise ces vers, de peur que
la memoire ne s'en effaçât avec les characteres.

On montre aussi dans l'Eglise basse, le puys
ou furent recueillis les os de la plus part des
Martyrs, & la terre qu'on en tire est estimée par
le peuple, comme un remede contre la fiévre :
on se persuade mêmes quelle est rougeâtre, comme empreinte encor de la couleur de leur sang, &
nos Autheurs modernes disent que ce sang re-
gorgea en si grande abondance, que la montée
de *Gourguillon* en prit de là son nom, *quasi Gur-
ges sanguinis*, & que la Saône en fut teinte jusqu'a
Mascon, contre le cours de l'eau : & que c'est
alors qu'elle fut premierement appellée *Sangona*,
ayant toûjours eû auparauant le nom d'Arar.

Dans le pavé de l'Eglise basse asses prés de ce
puys, j'y ay veu cette ancienne Inscription Chré-
tienne, du 5. siecle sous le Consulat d'Avie-
nus.

IN HOC TVMVLO REQV
IIESCET BONAE MEMO
RIAE THALASIA QVI VI
XIIT ANNIS XI
OBIIT IN PACE III
KLS SEPTEM
BRIS AVIENO.......
.........CONS.....

qui pour *qua vixit.*

Kalen- das.

Ie treuve que dans la plus part des anciens Epitaphes Chrêtiens, il y a *Vixit in pace*, ou *obiit in pace*, à quoy a succedé dans ces derniers siecles, la formule ordinaire de *Requiescant in pace.*

Dans l'Eglise d'enhaut proche le Benestier, il y a ce marbre à demy rompu, que nous pouvons pourtant suppléer de Gruter & Paradin qui l'ont décrit.

C'est

CONIVGI RARISSIMI EXEM
PLI MEIQ. AMANTISSIMAE QVAE
VIXIT MECVM ANN. XXIII D. XII
SINE VLLA ANIMI LAESIONE
IVLIVS MARTIANVS DE CCC.
AVG. LVG....... AEDE Q. FVNC.
VIVVS .... SIBI
POTERISQ. SVIS P. C.

ET SVB ASCIA DEDICAVIT

C'eſt un monument érigé à la memoire de la Femme de *Iulius Martianus*, un des trois cent Augures de Lyon; car c'eſt comme cela qu'il faut expliquer ces trois C. C. C. & non pas comme pluſieurs ont fait, & Gruterus mémes, qui expliquent ces characteres, *Colonia Claudia Copia Auguſta Lvgdunenſis.* Il eſt vray qu'il en cite une ou Lyon est appellé de ce nom, mais il n'en faut pas pour cela tirer consequence que ces trois C.C.C. signifient la même chose, car outre que cette inscription, où elle est ainsi nommée est unique & n'est pas même à Lyon, mais dans un Bourg sur le Rhône qu'on appelle *Tein*, Paradin & Gruterus apres luy, citent une inscription, qui se treuvoit autrefois au Convent des Iacobins, (& que j'ay long-tems inutilement cherché) par laquelle il est evident que ces trois C.C.C. ne se peuvent pas expliquer autrement, que pour le Corps des 300. Augures, puis qu'il y a *Patrono eiusdem corporis*, au lieu que s'il faloit expliquer, *Colonia Claudia Copia*, il n'y auroit point du tout de sens.

```
          ET  MEMORIAE  AETERNAE
          CVLATTI  MELEAGRI  IIIII  VIR. AVG.
          C.C.C.  AVG. LVG. PATRONO  EIVSDEM
  D       CORPOR. ITEM  PATRONO  OMNIVM      M
          CORPOR.  LVG.  LICITE  COEVNTIVM
          MEMMIA  CASSIANA  CONIVNX
          SARCOFAGO  CONDIDIT  ET S. A. D.
```

En voicy cinq au six autres de ces mêmes Augures, que le soin de Paradin nous à conservé, car je croy que pour le present on auroit bien
de

de la peine à les treuver. Si quelcun les peut decouvrir, on m'obligera sensiblement de m'en faire
part. Cependant comme le Livre de Paradin est
rare, & que mêmes les étrangers ne voudroient
pas faire la dépense d'achepter un si gros volume,
je veux bien leur en faire part.

I

D. M. Tib. Cladi Peregrini ĪĪĪĪĪ VIRI AVG.
LVGVD. Cladia ... ia heres ponendum curauit.

II.

T. Claudi Amandi ĪĪĪĪĪ viri Aug. Lugud. Patrono Sanctissimo Claudij Peregrinus & Primige-
nius Liberti & heredes P. C.

III.

Bonæ memoria & spei æterna, Spiritu quoque
incomparabili Felicia Minna rarissima castitatis
exempli, affectionis plena erga omnes homines Iulius Primitius Dec. C. C. C. Aug. Lug. Coniugi in- *Decurio.*
comparabili quæ vixit annis 32. mens. 5. dies 4. sine *300. Au-*
ulla querella sibique viuus fecit & sub ascia dedi- *gurum.*
cauit.

IV.

D. M. & securitati æterna Iulia Marcia Con-
iunx M. Casoni viro quondam sibi carissimo *Sextum.*
ĪĪĪĪĪ viro Aug. C.C.C. Aug. Luguduni viua in suo *viro Au-*
posuit & sub ascia dedicauit. *gustali*
300. Au-
gurum.

E 3   D. M.

D. M. Caluisia Vrbica & memoria Sanctissima
P. Pompon. Gemellinus lиιιιl vir Aug. Lugud.
coniugi carissima & incomparabili posuit.

VI.

D. M. Et memoria æterna Q. Virei Laurentini
lιιιιl viri Aug. C.C.C. Aug. Luguduni, Hominis
Incomparabilis & Vireia Athenaidi coniugi eius
memoriam quam Laurentinus coniugi carissima
fecerat Vireius Athenagoras filius eorum eundem
Laurentinum cum coniuge collocauit & sub ascia
dedicauit.

On pourroit douter si lιιιιl vir signifie *Sex-*
tumvir, ou bien *quartumvir*, comme a crû Paradin, & voicy tout a propos une Inscription, que
Gruterus nous cite pour être a Lyon, qui nous
apprend qu'il faut l'entendre de la premiere
façon.

D. M. Et memoria æterna C. Vrogeny
VI viri Aug. Vrogenia coniugi incomparabili
Quæ vixit ann. 15. mens. 4. diebus 5.
Ponendum curauit & sub ascia dedicauit.

Mais pour en revenir à noftre marbre, il y a
dans le blanc que l'on y a laiffé, une figure en
bas relief, d'un homme qui peut être un Augure tenant à la main un rameau d'Olivier, dont
ils fe servoient pour les afperfions.

Les deux fuivantes fe voyent dans le Cimetiere de l'Eglife S. Irenée, au pied de la tour ronde
qui fait le Chœur de l'Eglife.

C'est

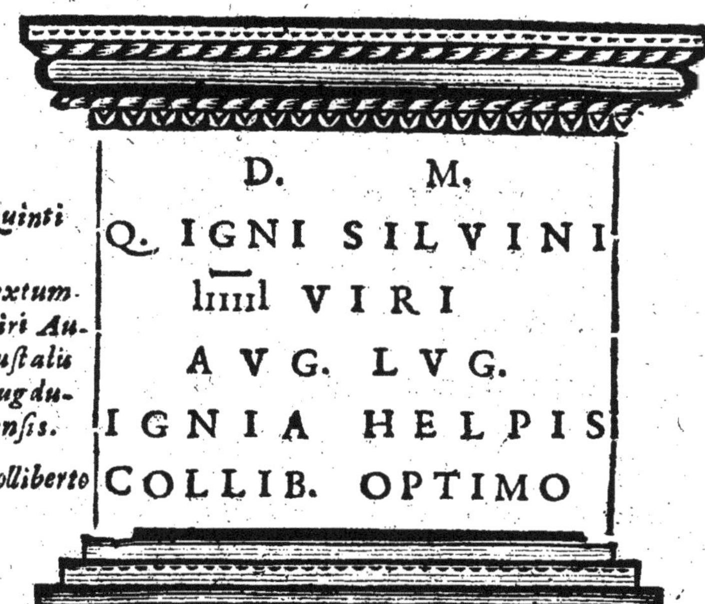

C'eſt encor le Tombeau d'un de ces ſix Intendants des 300. Augures de Lyon, appelé *Quin-*
tus Ignius Silvinus, par ſa femme *Ignia Helpis*,
qui avoit été affranchie comme luy,

D   M.

ET MEMORIAE

AETERNAE

C. VAL. INGENVI

ANNO XX. AETATIS

DEFVNCTI

C. VAL. MIRISMVS PATER

ET ALIORVM FRATRVM

DVVM VAL. MODES

TINI ET VAL. MIRONIS

AMISSORVM

PROINDE XX ANNO

VTRVMQVE AETATIS

Caÿ.
Valerÿ.

duorum.

Cette inscription est presque toute effacée, ce qui me fait moins estonner que Paradin ait leu par tout *Vai*, au lieu de *Val.* qui est la famille Valeria.

En voicy une qui est engagée sous un degré en descendant à l'Eglise d'embas, ce qui a fait que je ne l'ay pas pû lire entiere.

Les

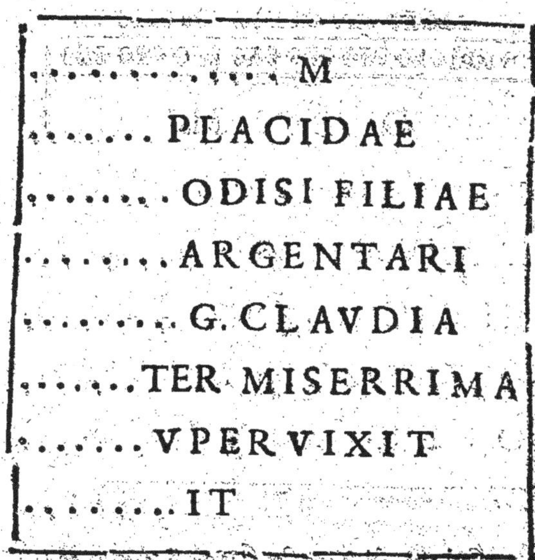

Les trois dernieres lignes font apparemment
Mater miferrima quæ fuperuixit filiæ pofuit. Le
mot *d'Argentariæ* nous doit faire fouuenir, que
dans les anciennes Pancartes, on apprend qu'il
y auoit vne ruë des Orfevres, proche l'Eglife
S.Irenée, & il s'eft treuvé dans ces quartiers-là,
des moules de terre cuite, pour des medailles
d'argent Imperiales, des forges, des limes, des
creufets, & autres outils de la Profeffion.

Dans la Cour de l'Eglife S.Irenée, fur la porte du jardin de Mr Margonne eft ce petit marbre blanc du même ftyle que ceux que nous
auons déja vûs.

<table>
<tr><td>annis.</td><td rowspan="2">HOC TVMVLO Q-
VIESCIT BONE MEMO-
RIVS CESARIVS VIXI-
T ANVS XIV REOVIBIT
IN PACE SVB DIE X. KAL.
DECEMBRIS ANASTASI-
O ET RVFO VV. CC.</td></tr>
<tr><td>Viris cla-
rissimis.</td></tr>
</table>

Le Confulat d'Anaſtaſius & de Rufus ſous lequel mourut Ceſarius, étoit en l'année de N. S. 482. Quelques Hiſtoriens appellent ce dernier *Rufinus*; mais les Faſtes Siciliennes, le nomment *Rufus*, comme il eſt icy écrit.

Nous auons treuvé en nous promenant, dans ce quartier de S. Irenée, quatre autres Inſcriptions Romaines, que ie n'ay point veu décrites ailleurs.

Celle-cy eſt engagée dans vne muraille, à *la ruë des Anges.*

ET MEMORIAE AETER
NAE VALERIAE CAV
PIOLAE QVAE VIXIT
ANN. XVI DIEBVS XX
PONENENDVM
CVRAVIT VALERI
VS ANNATVS ET
PORCIA MATRO
FILIAE PIENTISSIM.
ET SVB ASCIA DEDI
CAVERVNT

Pour
ponendũ.

En voicy deux qui font au logis *du Bœuf,*
l'vne dans la Cour, & l'autre au milieu du
jardin.

ET

2.

```
        D           M
  ET MEMORIAE
       AETERNAE
  CONSTANTINIAE IV-
  LIAE FEMINAE IN-
  COMPARABIL. QVAE
  VIXIT ANN. XXII. MENS.
  I. D. XV. PROCLINIVS
  SILVINVS CONIVGI
  CARISS. ET ANIMAE
  DVLCISSIMAE....
    ..............
```

3.

```
        D.          M.
  CATVLLIAE
  SAMILLAE
  VALER. SEN...
  ...IVS CONIVGI
  ...ARISSIM CVM
  QVA VIXIT ANN
  XIIII. M. V. SINE VL
  LÀ ANIMI LAESIO
  NE T SIBI VIVVS
  FECIT IDQVE
        S. A. D.
```
Sub ascia dedicauit.

La

La quatriéme eſt à la Cour du logis de la teſte
D'or.

4

ET AETERN.
IVL. VERECVNDI. NEC
LAVDECENARI ET IVLIO T-
VM VERISSIMI ET VER-
ECVNDI FILIORVM
ELLVS AVRELIA ·X· QINEN
CONIVGI FILISQVE
CARISSIMIS CVM QV-
O VIXIT AN. XXII. M. V.
SENE VLLA ANIMI
LAESIONE P. C. ET S-
VB ASCIA DEDIC-
AVIT

Forté
illius
filiiſque.

Sine.

Ie ne m'arrête point à l'explication des trois
premieres,

premieres, nous n'y apprenons que les noms de quelques familles, qui peuploient autrefois cette Ville. Dans ce dernier il y a un surnom tout à fait extraordinaire, *Nec Laudecenari.* Ne seroit ce point par allusion à celuy de *Verecundus,* comme pour dire *Nec Laudare se gnari?* Celuy d'Aurelia -X- Qinen, m'est encor plus inconnu.

Avant que quiter la montagne, on peut faire une promenade jusqu'aux Aqueducs, qui sont à la porte S. Irenée. Ils venoient de sept lieües d'icy, asc. de S. Estienne en Forets & menoient jusque dans Lyon, l'eau de la Riuiere de Furam, pour les Bains & Fontaines publiques & pour l'usage des particuliers. Dans les endroits, où le terrein est plus élevé ils sont bâtis sous terre pour garder le niveau de l'eau. On dit même qu'on avoit percé des montagnes, pour les conduire toûjours à droiture. On en void encor beaucoup d'arcades assés entieres à *Chapponou* & à *Sainte Foy,* & dans la Ville mémes; derriere Fourviere, vis-a-vis la porte de *Trion,* qui avoit pris son nom de là; parce qu'on croit que l'eau se diuisoit dans cet endroit en trois autres Aqueducs, & qu'on appelloit pour cette raison ce lieu là *Trifontium,* & par corruption *Trion.*

Le tems qui eſt le meurtrier de ſes propres enfans, à preſque tout détruit ce monument de la magnificence des anciens Romains ; car bien qu'il ne nous en reſte que des mazures, on ne laiſſe pas de concevoir l'excellence de leur Architecture.

Ils ſont tous bâtis de pierres longües & carrées, taillées en pointe de diamant, & couchées les vnes ſur les autres, auec beaucoup d'artifice. Si le Valon qui eſt entre la derniere arcade & celles qui ſont dans la Ville, vis-a-vis *Trion*, étoit

auſſi

auſſi, qu'il eſt préſentement, les Arcs qui le tra-
uerſoient devoient étre d'une hauteur prodigieuſe, pour conſerver le niveau de l'eau, comme
nous avons dit qu'ils faiſoient. Le lict ou l'eau
paſſoit eſt aſſés viſible dans les deux premieres
arcades.

On void d'autres Aqueducs autour de Lyon,
qui ne ſont pas d'vne ſi belle ſtructure, ni poſſi-
ble ſi antiques; vers *Eſcuilly* & *Francheville*, &
le long du Rhône, en allant à *Neiron.*

Ie treuve aſſés plaiſant que l'Autheur d'vn
petit livre intitulé, *Hiſtoire des antiquités de*
,, *Lyon*, ayt voulu prouver par ces Aqueducs,
,, que Lyon avoit fleury pluſieurs ans auant
,, l'Empire Romain, & qu'ils donnent à con-
,, noître que du tems qu'ils furent éleués &
,, conſtruits, Lyon étoit la Capitale de toutes
les Cités & Provinces des Gaules. Comme ſi
les Romains n'avoient pas été capables de faire
des ouvrages encor plus ſurprenans, & dans
peu de tems, par le moyen du grand nombre
de Soldats qu'ils auoient, leſquels on ne laiſſoit
pas ſans rien faire, dans leur quartier d'hyver.
Ne lit-on pas, que Iules Ceſar fit conſtruire
dans vn jour vn pont ſur la Saône? & *Gabriel*
Simeoni en a fait voir la poſſibilité, ou plûtoſt la
facilité, dans ſon Livre de la *Limagne d'Au-*
vergne.

CHAPITRE V.

Saint George. Veze. Pierre Scize. Obseruance.
Tombeau des deux Amans.
26. *Inscriptions.*

LE Quartier de S. George n'a rien de superbe ; aussi ne m'y arrêteray-je que pour
indiquer aux amateurs de l'Antiquité, les
inscriptions Romaines, qu'on y peut encor voir:
ce qui nous aydera à découvrir les Familles &
les Hommes Illustres, qui ont autrefois fleury
dans cette Ville, les Charges qu'ils ont possedé ; & d'autres petites particularités historiques, qui nous seroient autrement inconnuës.

Le jardin des RR.PP. de la Trinité, dont vne
partie est tenuë par Mr *Guillet* Marchand Gantier,
pourroit avec raison être appellé le jardin des
Antiques, pour la quantité d'Inscriptions qu'il y
a, qui ont autrefois été récueillies par les soins de
Monsieur le President de Seve, Seigneur de Langes & de Laual, dont la famille possede encor
les plus Illustres Charges de Lyon.

De toutes celles qui y sont au nombre de 22.
Paradin n'en avoit cité que sept ou huit : Mais
Gruterus ne les a pas ignoré, soit qu'il y en ayt
quelques unes apportées de déhors, ou qu'elles
eussent été déterrées du dépuis. Il met presque
dessous toutes, *è Scaligero, in ædibus Langæi ;*
Que si Scaliger ne les avoit pas negligé, pour-

F

quoy

quoy ne les donnerions nous pas au public? veû mêmes que j'ay eu plus de loisir pour les confronter & pour en corriger les fautes qu'on peut avoir échappé en les copiant. Adjoutés à cela que Gruterus n'en a pas donné l'explication, non plus que des autres, pour ne pas augmenter par trop ses volumes, & que son Livre devient aussi rare, qu'il est precieux.

Les six prémieres sont dessous une galerie du Convent, fort proche les unes des autres, & le reste est dispersé dans deux ou trois clos du Iardin, soit pour soûtenir des pots de fleurs, ou engagées dans les murailles.

I

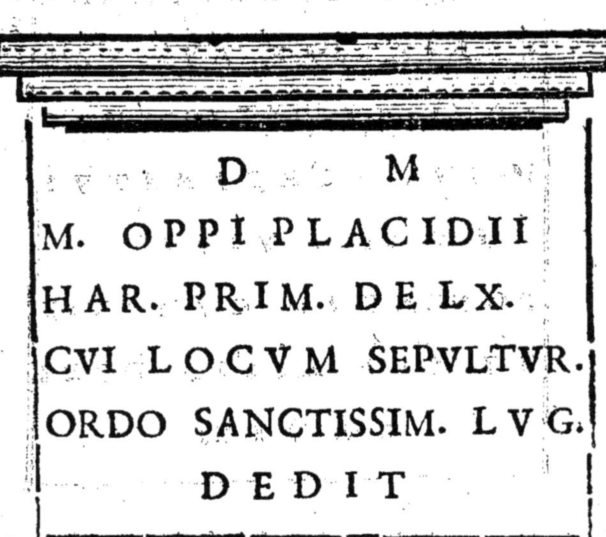

Haruspi-
cis primi
de Sexa-
ginta.
Lug du-
nensis.

HAR. est le commencement *d'Haruspe-*
Cette charge étoit de ceux qui predisoient l'avenir par l'inspection des entrailles, comme les Augures

Augures le faisoient par le vol des oyseaux.

Il n'y a peut-être que cette pierre, qui nous apprenne que ce Corps des Haruspices de Lyon, étoit composé de soixante personnes, dont *Marcus Oppius Placidius* étoit le premier.

Ce tres-Saint Ordre, qui luy assigna le lieu de sa Sépulture, n'est pas autre que celuy des 300. Augures, dont nous auons parlé, ou peut-être celuy des Haruspices.

2

<table>
<tr><td colspan="2">D.   M.</td><td></td></tr>
<tr><td colspan="2">ET QVIETI AETERNAE</td><td>*Malè*</td></tr>
<tr><td colspan="2"></td><td>*Parad.*</td></tr>
<tr><td colspan="2">CERIALIAE AVLINAE</td><td>*Ceriaia.*</td></tr>
<tr><td colspan="2">CONIVGI CARISSIMAE</td><td></td></tr>
<tr><td colspan="2">M. IVL. FORTVNATVS</td><td></td></tr>
<tr><td colspan="2">ET SIBI VIVVS</td><td></td></tr>
<tr><td colspan="2">PONENDVM CVRAVIT</td><td></td></tr>
<tr><td colspan="2">ET SVB ASCIA DEDI</td><td></td></tr>
<tr><td colspan="2">CAVIT.</td><td></td></tr>
</table>

Cette pierre est mise à la renverse pour la base d'un pilastre, qui soûtient la galerie du Convent, à quatre pas de la precedente. Elle est facile à entendre, aussi bien que la suyvante.

          Le

3

D.   M.
ET MEMORIAE
AETERNAE
IVLI ZOSIMI IVVE
NIS INNOCENTIS
SIMI QVI VIXIT AN
NIS XXX. M. I. D. III.
SINE VLIVS ANIMI
LAESIONE MELIVS
ZOSIMVS PATER
INFELICISSIMVS
AMISSIONE EIVS DE
CEPTVS ET SIBI VIVVS
P. C. ET SVB ASCIA DEDI
CAVIT

Le mot de *Zosimus* marque une famille Grecque, comme nous avons dit, qu'il y en avoit plusieurs

fieurs à Lyon. Perſonne n'ignore qu'il y a vn
Autheur celebre de ce nom , qui étoit auſſi
Grec.

4

DEO MAR
TI AVG.
CALLIMO
RPHVS
SECVNDA
RVDIS
V. S. L. M.

C'eſt un vœu au Dieu Mars par *Callimorphus
Secundarudis*, dont le nom rude ſent plus le
Gaulois, que le Romain.

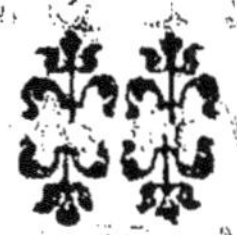

 L'Eloge

5

D.   M.

ET MEMORIAE

AETERNAE

SVTIAE ANTHIDIS

QVAE VIXIT ANNIS XXV

M. IXI. D. V. QVAE DVM

nimium. NIMIA PIA FVIT FACTA

EST INPIA ET ATTIO PRO

BATIOLO CERIALIVS CA

LISTIO CONIVX ET

PATER ET SIBI

VIVVS PONENDVM

CVRAVIT ET SVB AS

CIA DEDICAVIT.

L'Eloge que donne icy *Cerialius Calistio*, à sa femme *Sutia Anthis*, est assés plaisant, de dire qu'a force d'être dévotieuse, elle étoit devenue Impie.

Impie. Il n'y a point de chose si Sainte dont on
ne puisse abuser. La superstition emprunte le
masque de la pieté, & si neanmoins elle est un
espece d'impieté. Vn faux zele fait bien com-
mettre des crimes. Ainsi ne sçavons nous pas,
quelle occasion pouvoit avoir obligé ce mary,
d'accuser sa femme que par trop de pieté elle
étoit devenue impie. Au reste de la maniere, que
cette Inscription étoit couchée dans Gruterus,
il n'étoit pas bien possible d'y comprendre
quelque chose, ayant mis, ANT. III. PIS
pour ANTHIDIS & NIMIARIA, pour NIMIA PIA.
Il est vray qu'il faut une grande application
des yeux, pour lire cette pierre, que le temps a
presque toute effacée, & je ne m'étonne pas
qu'un voyageur comme *Scaliger*, qui l'avoit
fourny a Gruterus, y ait échappé deux ou trois
mots.

6

> MATRIS
> AVGVSTIS
> CATITIVS
> SEDVLVS
> EX VOTO

Malè G. ne.
C. Titiu.

Il y avoit autrefois une semblable pierre dans Vienne ; je ne sçay si c'est la même qui ayt été transportée icy , par les soins de Monsieur de Langes.

Antiquités de Vienne, pag. 134.

Monsieur Chorier à si bien expliqué ces Deités, appellées *Matres* ou *Matræ Augusta* , que ie ne feray pas difficulté de me seruir de ce qu'il en a
„ écrit. Depuis l'Empire de Pertinax & de
„ Seuere , les Romains , *dit-il,* inuenterent une
„ nouvelle Superstition, & s'imaginerent qu'il y
„ avoit certaines Nymphes, qui veilloient gene-
„ ralement à la conduite des Provinces , & d'au-
„ tres qui s'appliquoient au salut des Empe-
„ reurs , & mêmes des personnes particulieres,
„ à qui ils donnoient indifferemment le nom
„ de *Matres* & de *Matræ*, quoy que ce mot
„ de *Matræ* soit barbare en ce sens , & n'aye pas
„ été connu à la plus pure Latinité. Mais ces
Diuinités

„ Diuinités ayans premierement été adorées à
„ la campagne, on les receut dans les Villes,
„ avec les mémes noms que les Villageois leur
„ avoient donné. Ainſi lit-on en diuerſes In-
„ ſcriptions, *Matribus Gallaicis*, *Diſmatrabus*,
„ & *Matris Auguſtis*, &c .Celles que l'on ſe fi-
„ guroit être plus étroitement attachées à la
„ conſeruation des Empereurs & de leur mai-
„ ſon, avoient le tiltre de *Matres Auguſtæ*, de
„ Meres Auguſtes, comme il leur eſt donné dans
cette Inſcription, qui n'eſt autre choſe qu'vn
témoignage d'vn vœu que leur avoit rendu *Ca-*
titius Sedulus.

Paradin avoit expliqué une ſemblable Inſcription de Lyon, où il y avoit, *Matris Aug.*
L. Dextrius Apollinaris, comme s'il eut été là
parlé de la mere d'un Augure, mais il étoit ex-
cuſable n'en ayant ſans doute pas veu d'autre,
écrite au long *Matris Auguſtis*, & comment auroit-il penſé, que *Matris* eſtoit mis pour *Ma-*
tribus?

En voicy encor une dans ce jardin, où *Ma-*
ſtonia Bella témoigne s'être acquitée avec plaiſir
de ſon vœu, envers ces mêmes Nymphes.

7

<pre>
M A T R I S   A V G.
M A S T O N I A
B E L L A
V. S. L. M.
</pre>

*Votum
soluit li-
bens me-
ritò.*

*Antiq.
de Vien-
ne p.165.
166.*

Les deux suivantes étoient autrefois dans la ville de Vienne.

D M

8

D   M
QVIETI
AETERNAE
T. CASSI
LVCINVLI
MERCATOR
SESSOR ET
CASSIA
VERATIA
FILIO DVLCIS
SIMO SIBI VIVI
POSTERISQVE
SVIS FECERVNT
ET SVB ASCIA DE
....

Tiei.

D M

9

Grut.
Omisit.
Fil.

La premiere étoit deſtinée pour la famille de *Mercator Seſſor* , & *Caſſia Veratia* ſa femme, comme elle l'étoit déja de leur fils *T. Caſſius Lucinulus.*

La ſeconde eſt vn témoignage de l'extreme douleur d'une mere, pour la mort de ſon Fils, qui la fait nommer elle même miſerable. Cét *Aram poſuit* , nous doit faire remarquer, que la pluſ- part

part de ces pierres quarrées tumulaires, ſervoient de petits Autels, pour ceux ſur les tombeaux deſquels elles étoient placées. I'y ay mêmes veu quelquefois des trous au deſſus, pour
retenir le feu du Sacrifice.

10

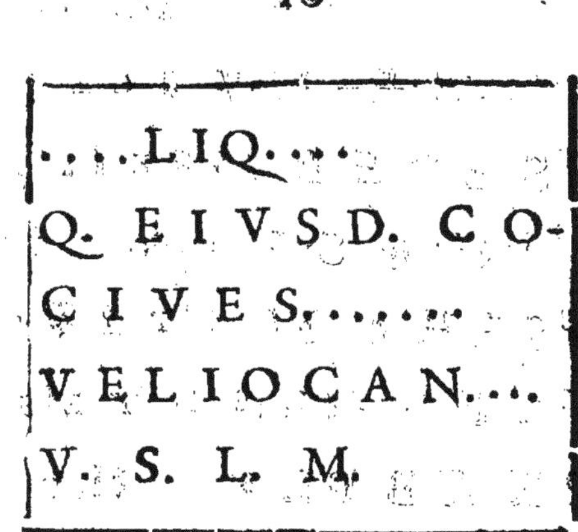

On ne peut tirer aucun ſens de ce fragment, ſi
quelqu'vn n'y rêve plus que moy, pour ſuppléer
les lettres qui manquent.

II

```
D.                              M.

ET  AETERNAE  QVIETI  P.
AELI  MAXIMI  POLY
CHRONI  QVI  VIXIT  AN
NIS  II·M·IIII·D·III·AELIA
EVTYCHIANE  ET  AGA
PETVS·PARENTES·FI
LIO  DVLCISSIMO
P·C·CVI  LOCVM  ARE
PIETATI  CONCESSIT
IVL·BARBANE  MATRO
NA  INCOMPARABI
LIS  SVB  ASCIA  DEDI
CATVM  EST
```

Ara.

Malè
Grut.
Barane.

Le nom de *Polychronus*, qui selon l'étymologie Grecque, signifie vne personne de longue vie,
n'empêcha pas cét enfant de mourir à l'âge de
deux ans. Le mot d'*Ara* confirme ce que nous
auons déja dit, sur *Aram posuit.*

D.M.

12

D.　　　　　M.

GEMINIAE Q. FILIAE
QVINTIANAE
DVLCISSIMAE
QVAE VIXIT M. VIIII. D. X.
Q. GEMINIVS PRISCIAN.
ET GEMINIA APHRODI
SIA PARENTES

Grut.
omisit
Quintia-
næ.

13

GRASSIAE
DEMINCILIAE ET
...LLI HELIODOR |IIII|
VIR. AVGVSTALIS
PRIMIA PRIMA MA
TRI KARISSIMAE ET
CONIVGI PIENTIS
SIMO PONENDVM
CVRAVIT ET SVB
ASCIA DEDICA
VIT

D M

14

Marci.

```
        D.              M.
      M. M E T T I
    O N E S I M I
    S V L P I C I A
    A G A T H E M
        E R I S
    C O I V G I
        C A R O
    S I B I Q V E
    V I V A S V
    B   A S C I A
    D   E D I
    C A V I T
```

15

```
        D.              M.
  E T  M E M O R I A E
        A E T E R N A E
  M A R I N I A E
  D E M E T R I A T I
  N A T I O N E  G R A E C E   Graca.
  M A R I N I V S  D E M E
  T R I V S  S O R O R I  D V ...   Dulcissi-
                                     ma.
  . . . . . . . . . . . . . . . . .
```

Ces quatre Inscriptions font des Familles
Grecques,

Grecques dont nous avons dit que Lyon étoit
beaucoup peuplé : & dans la derniere *Demetrias*
est particulierement specifiée *natione Græca*,
Grecque de nation. Il n'y a rien qui nous doive arréter pour l'explication, tout étant fort aysé,
& n'y ayant presque autre chose que les noms de
ceux pour qui les tombeaux ont été dressés, & de
leur proches parens.

16

<table>
<tr><td>

TI. CLAVD. TI. FIL. PAL. QVARTIN.
TRIB. MIL. LEG. III. CYRENAEIC.
ADLECTO AB DIVO TRAIAN. PARTHIC.
IN SPLENDIDISSIMO ORDIN. QVI PAN
NONIAE LEG. PRAETOR LEG. PROPR.
PROVINC. ASIAE LEG. DIVI TRAIAN,
...LIMI. C...TRAIANI HADRIANI...
LEG. PROVINC. HISPAN. CITERIORIS
IVSSV HADRIANI AVG. CAES....
GEMICA ET HADRIANIA.......
....

</td><td>

*Tiberio
Palatino
Quarti-
no.*

*Legatus.
Grut.
omisit.
5. lin.
ult.*

</td></tr>
</table>

C'est dommage que cette pierre soit si gâtée :
car on y verroit quelque chose de beau, si le sens
en étoit parfait. Neanmoins on void que c'est
un monument dedié à une personne de grande
qualité , qui avoit possedé des belles Charges
sous Traian & Hadrian , comme de Lieutenant
de Gouverneur dans les Provinces de la Pannonie , de l'Asie & de l'Espagne citerieure , & de

de Camp de la troisiéme Legion appellée Cyre-
naïque, parce qu'elle étoit deftinée a la confer-
uation de la Prouince de Cyrene, en Afrique.
Monfieur de la Fon Seigneur de la Tour, & Gouverneur du Baftion de France, m'a communiqué
deux Infcriptions de cette troifiéme Legion, qu'il
avoit treuvées dans le Royaume *d'Alger*, aupres
du mont-Atlas, en allant à *Conftantine*, qui eft
la demeure du Bey de l'armée de Levant, pour le
grand Seigneur.

I. O. M. Tempeftatium diuinarum potenti
Leg. III. Aug. dedicante Q. Fabio Caluitin
Leg. Aug. Pr. Pr.

Ventis.

Vintis bonarum Tempeftatium potentibus Leg. Ill
Aug. dedicante Q. Fabio Calvitino Leg. Aug.
Pr. Pr.

Ie ne croy pas que perfonne ayt décrit ces Infcriptions dans quelque Livre, & je ne treuve
mêmes point de mention de ce *Quintus Fabiu*
Calvitinus, Commandant de cette Legion pour
l'Empereur, & Lieutenant du Preteur, qui avoit
voüé ces deux pierres, l'une à Iupiter Maître des
faifons divines, & l'autre aux Vents qui font auff
les maîtres des bonnes faifons, peut-être parc
qu'il en avoit befoin pour faire voile en Italie, ou
en quelqu'autres lieux maritimes. Cependant
ces expreffions font tout a fait particulieres, &
l'on doit être obligé à Monfieur de la Tour, qu'il
ayt eu le foin de nous les copier.

C'e

17

ET QVIETI AETERNAE

VERINIAE INGENVAE

LIBERTAE QVONDAM

ET CONIVGI CARISSIMAE

QVAE VIXSIT MECVM ANNIS

XXII M. V. D. III. SINE VLLA

ANIMI LAESVRA C. VERECV

NDINIVS VERINVS VETER.

LEG. XXII. P. F. CONIVXS

ET PATRONVS ET VERECV

NDINIAE VERINA ET

VERA FILIE MATRI PI

ISSIMAE ET SIBI VIVI

PONENDVM CVRAVE

RVNT ET SVB ASCIA

DEDICAVERVNT.

Vixit.

Laesione.

Veteranus. Legionis 22. Piæ Fidelis.

Filiæ.

C'est un monument de l'affection d'un Mary envers sa Femme, & de deux Filles envers leur

Mere,

Mere. *Verecundinia* est icy mis au pluriel, contre
la regle des Grammairiens, qui ne veulent pas
que les noms propres en ayent:mais dans cét endroit,de peur de repeter le nom de *Verecundinia*,
qui étoit commun aux deux Sœurs *Verina* & *Vera*,
on a été obligé de le mettre de la sorte.

18

<table>
<tr><td></td><td colspan="2">D.   M.</td></tr>
<tr><td></td><td colspan="2">PRIMVS</td></tr>
<tr><td></td><td colspan="2">EGCLETIANVS</td></tr>
<tr><td>*Publij.*</td><td colspan="2">P. PRIMI CVPITI</td></tr>
<tr><td>*Liberti.*</td><td colspan="2">LIB. QVI VT HABE</td></tr>
<tr><td></td><td colspan="2">RET VIVVS SIBI</td></tr>
<tr><td></td><td colspan="2">POSVIT ET SVB</td></tr>
<tr><td></td><td colspan="2">ASCIA DEDIC.</td></tr>
<tr><td></td><td colspan="2">DOMVI AETERNAE</td></tr>
</table>

Cette pierre est mise a la renverse, dessous
une table du jardin, à laquelle elle sert de pied.
Le Tombeau est icy appellé une maison eter-
nelle, comme dans d'autres Inscriptions de Gruterus, où l'on lit, *Domum æternam sibi viuus curauit, ne heredem rogaret* &c. *De patrimonio su
domum æternam posuit* &c. *Domum perpetuam
fecit*

Grut.
p.913.
p.760.
p.820

fecit comiti optimæ &c. C'eſtoit la penſée des Egyptiens, qui étoient plus ſomptueux en leurs Tombeaux qu'en leurs Palais, témoins tant de ſuperbes Pyramides & Obeliſques, dont la grandeur & la ſolidité, à ſi bien reſiſté depuis tant de ſiécles aux injures du tems, qu'on pourroit avec quelque raiſon les appeller des Maiſons eternelles.

19

<table>
<tr><td>D.</td><td>M.</td></tr>
</table>

D.   M.
E T   MEMORIAE AETERN.
G. LIBERTI DECIMANI
CIVI VIENNENS. NAVT.
ARARICO HONORATO
VTRICLARIO LVGVDVNI
CONSISTENTI
MATRONA MARCIA
NI CONIVGI CARISSIMO
QVI CVM EA VIXIT ANN. XV.
MENSIBVS III DIEBVS
XV. SINE VLLA ANIMI
LAESIONE PONENDVM CVRAVIT
ET SVB ASCIA DEDICAVIT

Grut.
Liberij.
Nautæ.

Gaius Libertus Decimanus, à la memoire duquel *Marcia* ſa femme avoit dreſſé cét Epitaphe, étoit Bourgeois de Vienne, & Battelier de la Saône, faiſant ſa reſidence à Lyon. Pour cette

Charge, *Honorato Vtriclario*, ou comme il y a
dans la suiuante, *Honorato Corporis Vtriclariorum:*
j'ay crû dans le commencement qu'il signifioit
vn Corps de Musiciens, ou *de Ioüeurs de Cornemuse*,
comme il est pris dans Suetone, en parlant de
Neron, qui vouloit adjoûter à ses belles qualités, celle de Ioüeur de Musette. *Vouerat, si si-*
bi incolumis status permansisset, proditurum se
parta victoriæ ludis, etiam Hydraulam & Cho-
raulam & Vtricularium. Mais apres avoir consideré que dans plusieurs Inscriptions, ce
terme est joint avec celuy de *Nauta :* de plus
que ces *Vtriclary* ne paroissent avoir été que
dans des Villes où il y auoit des rivieres, &
que mêmes le Corps des Batteliers, & celuy-cy
n'avoient souuent qu'vn même Intendant : je
suis de l'opinion de ceux qui croyent que c'est
vne espece de Batteliers, dont on ne faisoit dif-
ference, que selon la diversité des batteaux,
dont ils se servoient, *Vter*, ou *Vtriculus* étant
apparemment vne sorte de petits batteaux à ven-
tre-large, qui pouvoit réssembler à vne Cornemuse. Pour confirmer tout cela, voicy quelques
Inscriptions qui en parlent.

I

M. *Fruntoni Eupor.* ⎮ⅠⅠⅠⅠ⎮ l VIR. *Aug. Col. Iul*
Aug. Aquis Sextiis, Nauicular. Mar. Arel.curat.
eiusd. corp. Patrono Nautar.Druenticorum & Vtri-
clariorum Corp. Ernaginensium, Iulia Nice vxor
coniugi carissimo.

D. M.

Suet. in Neron. Cap. 54.

Grut. p. 413.

I I.

D. M. G. Pasquij Optati Lib. Pardalæ l̄ı̄ı̄ı̄1 *Grut. Aug. Col. Iul. Pat. Ar.* (id eft Coloniæ Iuliæ *p.448.* Paternæ Arelatæ) *Patroni eiufdem corporis: Item Patron. Fabrorum Naual. Vtriclar. & Centonar.* &c.

Celle qui fuit fe treuvoit autrefois à Lyon, à la montée de Gourguillon.

III.

D. M. & quieti æternæ C. Victori........uri- *Reinef.* *cis fiue Quiguronis ciuis Lug. incorporato inter* *epift.* *Vtriclar. Lug. conf. qui vixit fine vllius offenfa* *p.329.* *Ann. XVIII. M... D. V. Caftaurina Mater vnic. Filio piiff. ponendum curauit & fub Afc. dedicauit.*

l'ay copié la fuiuante au Cimetiére des Minimes d'Arles, & i'ay treuvé enfuite qu'elle étoit deux fois dans Gruterus, la premiere fois à la page 426. où elle eft fort bien, fi ce n'eft qu'il a mis VEDECI pour VTRICL. & à la page 483. où le mot d'VTRICL. eft remis, mais le refte n'eft pas fi bien.

IV.

D. M. Iunio Meffiano Vtricl. Corp. Arelat. eiufd. Corpor. Mag. IIII. F. qui vixit ann. 28. &c.

Revenons au jardin des PP. de la Trinité, où
nous en treuverons encor vne d'vn certain *Pop-*
pilius, qui avoit le même office.

20

```
D . . . . . . . . . .
ET MEMOR . . . . . . .
AETERNAE  POPPILII  NATIO . . .
S E Q V A N O   C I V . . . . .
L V G V D V N E N S I
N E G O T I A T O R I  A R
T I S   P R O S S A R I A E
A D P E R T I N E N S
H O N O R A T O   C O R P O R .
V T R I C L A R I O R V . . .
. . . . . . . . . . . . . . . . . . . . . . .
```

Natione.

Ce Métier qu'il appelle icy *Ars proſſaria*, nous
eſt preſqu'inconnu, n'en étant point fait mention
dans les Livres : *Reineſius* à conjecturé qu'il ſe
pouvoit entendre, *De negotiatione Proſarum*, hoc
eſt tunicarum pexarum novarum & candidata-
rum. C'eſt à dire d'un Marchand de robes neuves,
comme on a dans d'autres. *Negotiator artis Lin-*
tiariæ. Collegium Sagariorum &c. Le même Autheur dit en avoir donné quelqu'autre explication,

Epiſt.
p.456.

tion, dans quelques uns de ſes ouvrages, que nous n'avons pas icy.

Au reſte cette Inſcription & celle qui eſt à Saint Pierre *d'Adginnius Prêtre à l'Autel de Lyon & IIvir in ciuitate Sequanorum*, ont fait croire à Paradin, que Lyon étoit compris ſous la Prouince des *Sequanois*, & qu'il avoit été appellé autrefois *Ciuitas Sequanorum*. Mais cela ne s'accorde pas avec nos Autheurs, qui placent Lyon, comme nous avons dit ailleurs, *inter Seguſianos :* & il n'y a pas de l'inconuenient que cét *Adginnius* eut vne Charge à Lyon de Prêtre à l'Autel d'Auguſte, & vn'autre de Duumvir à Beſançon, qui étoit la capitale des Sequanois. Celle-cy ne fait pas non-plus pour Paradin, car ce Poppilius pouvoit être, *Natione Sequano, & ciui Lugdunenſi*, Sequanois de pays, & avoir acquis la Bourgeoiſie de Lyon. Il eſt vray que cette Prouince des *Sequanois*, étoit fort grande, & qu'elle comprenoit la Franche-Comté, & beaucoup de pays voiſins ; mais nous n'auons pas des preuves, que Lyon ayt été renfermé dans leurs limites.

D M

21

D.   M.
ET MEMORIAE AETER
NAE MARCELLINAE SO
LICIAE FILIAE ANIMAE
SANCTISSIMAE ET RARI
SSIMI EXSEMPLI QVA
SIC VIXSIT ANNIS XXIII
M. V. D. IIII. SINE VLLA ANI
MI CONIVGIS SVI LESI
ONE INTEGRO CORDE
FELIX ETIAM IN EO QVOD
PRIOR OCVPAVIT MARTI
VS MARITVS SVAE CARIS
SIMAE ET SIBI VIVS P. C. ET SVB
ASCIA DEDICAVIT.

Exempli.
Vixit.

Vivus.

Les Anciens Romains , dont le principal
objet

objet de la Beatitude étoit la vertu morale, faifoient une eftime toute particuliere de la Con-
corde, à qui ils avoient dreffé des Autels, & fur
tout il fe piquoient de faire paroître la bonne
intelligence, qu'ils entretenoient avec leurs
Femmes, d'ou viennent tant de revers de medailles
d'Empereurs & d'Imperatrices avec ces Legen-
des : *Concordia Auguftorum*, *Pietas Auguftorum*,
Concordia Felix, *Concordia æterna* &c. & de là
vient encor cette façon ordinaire de s'exprimer
dans les Infcriptions, que nous avons deja fi
fouvent veu, *fine ulla animi læfione*; ou *fine ulla
læfura*, qui eft un peu moins Latin. Mais outre
ce témoignage que rend icy *Martius*, à fa chere
Femme *Marcellina fille de Solicia*, il veut encor
nous afsûrer de la fincerité de fes inclinations
envers luy, pars ces deux termes, *Integro corde*,
& la reconnoit heureufe d'être morte la premiere, & de n'avoir pas furvécu comme luy, à une
perte fi fenfible, que doit être celle de la moitié
de foy même. *Occupare* eft affés rare, pour dire
Mourir : mais il s'en treuveroit pourtant quelques exemples, auffi bien dans les Livres, que
fur les marbres, fi on prenoit la peine d'en
chercher.

22

MEMORIAE

AETERNAE

....IXTI CIVIS

...VANI QVI VIXIT

ANNIS LX. SINE VLL.

MACVLA CVM F...

..ERVA SEXTIAN. CON

IVGE KARISSIMA

ANN. XXXIII SINE

VLLA DISCORDIA

QVAE CONIVNX KA

RA PONENDVM

CVRAVIT ET SVB

A.   D.

Grut.
Divixti
Civis.
Sequani.

Ie finis les Inscriptions de ce Iardin des PP.
de la Trinité, par celle-cy qui est un peu defe-
ctueuse, comme vous avés veu, & qui n'avoit apparemment rien de considerable, qui en doive
faire regretter la perte.

En

En voicy une que personne n'a encor décrit,
quoy quelle soit assés visible au coin d'une rüe,
proche l'Eglise de *S. George*, vis a-vis la Fontaine.

Tabula-
rius.

D.   M.

ET MEMORIAE DVLCIS

SIMAE. .T.TITIOLÆ

QVAE VIXIT ANN. XVIII

M. VII. D. XXIII.

FIRMANVS GALL'AR.

TABVLAR. CONIVGI

PISSIMAE ET ERGA SE

BENE MERITAE ET SIBI

VIVVS POSTERISQVE

SVIS SVB ASCIA

DEDICAVIT

Comme les affaires & la recepte de toutes les
Gaules se faisoient à Lyon, il étoit necessaire, qu'il
y eût une charge telle qu'avoit ce *Firmanus*, de
Réceveur ou Contrôleur des Finances dans les
Gaules : car c'est ce qu'emportent ces termes de
Tabularius Galliarum. Il y auoit encor une autre
sorte

forte de Receveur, qu'on appelloit *Tabularius XXXX.* c'eft à dire, *Quadragefima Galliarum,* comme nous apprenons par vne Infcription qui fe treuvoit icy, inconnuë à Gruterus, & rapportée dans les lettres de Reinefius.

D. M. & Quieti æternæ Aurelia Munatiæ, Coniugi cariffimæ & Incomparabili. Quæ vix. An- nis XXIIII. Menf. VI. Dieb. IX. Quincio Aug. Lib. Tabularius XXXX. Galliarum fub afcia de- dicauit.

Cette quarantiéme dont *Quincio Affranchy d'Augufte,* étoit Receueur, pouvoit être le qua- rantiéme denier fur les Heritages, que les Em- pereurs s'eftoient attribué, comme l'on void dans d'autres pierres, *Tabularius rationis He- reditatium Cæfarum noftrorum. Tabularius vi- gefima Hereditatium Prouinciæ Lufitaniæ,* &c. On avoit pareillement de ces Contrôlleurs pour des autres fonds. *Tabularius à muneribus. Tabularius à patrimonio. Tabularius rationis pa- trimonij Cæfarum,*&c. qui fe lifent tous dans Gru- terus.

Tout contre l'Eglife S. George, eft ce frag- ment, qui femble parler de quelque Ieux & Feries des Batteliers de Saône.

. . . .

SPLENDIDISSIMAM

PERPETVAM VACATION.

L. D. D. N̄. ARARIC.....

. . . .

Hors la Porte S. George, en montant à S. Irenée, à vne portée de Fuzil de la Fontaine de Choûlan, qu'on dit auoir été autrefois appellée *fons Silué*, on void ces deux pierres à la Porte d'vne petite maison de Campagne.

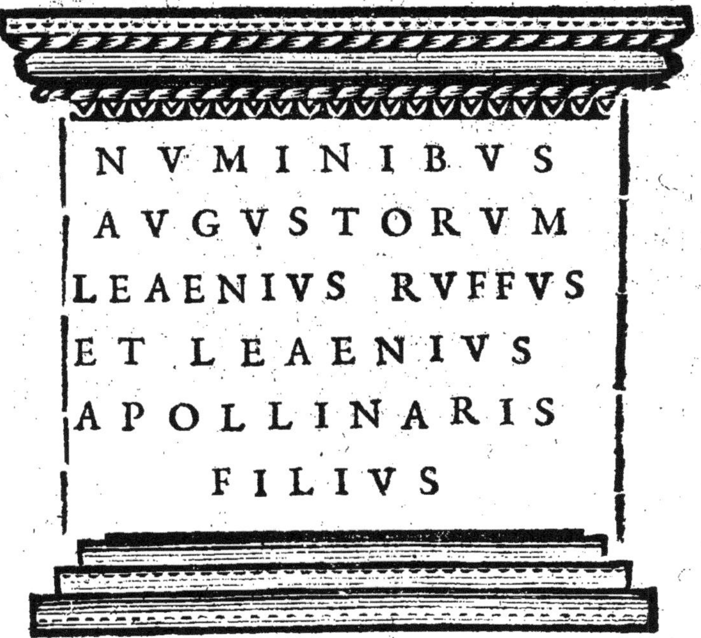

La flatterie des Romains à légard de leurs Emreurs

pereurs étoit exceſſive, juſqu'a les traiter de Divinités , comme vous voyés dans ce vœu de *Leanius Ruffus* , & de *Leanius Apollinaris.* Le mot d'*Auguſtorum* nous fait connoître, que cette pierre a été dreſſée dans un tems où il y avoit deux Empereurs , qui regnoient enſemble , par exemple Maximian & Diocletian , ſous l'Empire deſquels la coûtume étoit déja bien établie, de traitter les Princes de Divinités,& *Eutrope* remarque particuliérement de Diocletian qu'il fit commandement à ſes ſujets de l'adorer.

Paradin nous cite une ſemblable Inſcription qu'il avoit veu en cette Ville. I. O. M. NVMINIBVS AVG. où je croy qu'il y devoit avoir AVGG. pour ſignifier *Auguſtorum :* Ces lettres doubles marquans le plurier dans les Antiques.

ET MEMORIAE AE
TERNAE
Q. LATINI PYRAMI
ANIMAE INCOMPA
RABILIS QVI VIXIT ANN.
XII. M. VIII. DIES XVIII
Q. LATINIVS CARVS
ET DECIMIA NICOPO
LIS PATRONI ALVMNO
KARISS. ET SIBI VIVI
POSVERVNT ET SVB
ASCIA DEDICAVERVNT

Ce terme *d'Anima* se prend souvent dans les Inscriptions, pour une Maîtresse ; mais comme il est icy question d'un Garçon de 12. ans, il n'est que pour exprimer la tendresse avec laquelle *Latinius Carus*, & *Decimia Nicopolis*, cherissoient *Quintus Latinius Pyramus*, leur nourrisson que la mort venoit de ravir.

Si l'on veut prendre la peine de grimper depuis la Porte de S. George à celle de S. Iust, on verra

verra à main droite, quelques rangs *d'anciennes Voutes* ou *Arcades*, qui ne laiſſent pas de ſubſiſter encores, quoy que la pluye en ayt tellement emporté la terre de deſſous ; que les fondemens ſemblent en devoir être tous ſappés. On les découvre en ſe promenant en batteau ſur la Saône, vis-a-vis d'Enay : & il ne faut pas douter qu'il n'y en eût quantité ſur cette montagne de Fourviere, pour ſoûtenir le terrein & aſſûrer les Batimens.

On m'a fait remarquer dans ce même chemin, au deſſous d'un Colombier neuf, ce *fragment de Marbre* inſeré dans un jour des murailles de la Ville.

Proc.

Lug.

Patri-monÿ.

```
.............................
....L..T......FIL. Q.
      T I T I A N O
...O C. A V G. PROVINCIAR.
...G. ET AQVITANICAE PROC.
...TRIMONI PROC. POC.
....L A T...T. PROC. PRO
.............................
```

Quoy que cette pierre ne ſoit pas entiere, je n'ay pas crû qu'il la falût obmettre, puis qu'il y eſt parlé d'un Réceveur des Provinces Lyonnoiſe

noife & Aquitanique: car je ne doute point qu'il
ne faille fuppléer les lettres qui manquent de
cette façon. Proc. Avg. Provinciar. Lvg. et
Aqvitanicae. Proc. Patrimoni, c'eft à dire,
Procuratori Augufti, Provinciarum Lugdunenfis
& Aquitanica, Procuratori Patrimony, &c.

Outre la recepte de ces Provinces, qu'avoit ce
Titianus, dont le nom de Famille eft effacé, il
étoit auffi Réceveur des droits du domaine de
l'Empereur, & de ceux d'autres Provinces, dont
le tems nous a envié la lecture. Nous verrons
dans le Chapitre fuivant, une charge femblable
de *Sabinius Aquila.*

Ie remarque en paffant, que dans les Infcriptions Antiques, lors qu'il eft fait mention des
trois Prouinces des Gaules, ou feulement de
deux, comme dans celle-cy : la Lyonnoife eft ordinairement mife, avant la Narbonnoife & l'A-
quitanique, parce qu'elle étoit la plus puiffante,
la plus riche, & la plus étendue : Il eft vray que *Geogra-*
Strabon parlant de la Ville de Lyon, dit qu'elle *ph. lib. 4.*
eft de toutes les Villes de France la plus peuplée,
apres Narbonne ; Mais comme cet Autheur à
écrit fous l'Empire de Tibere, & qu'a peine la
moitié d'un fiecle s'étoit écoulé depuis fa fondation, je ne m'étonne pas que la Ville de Narbonne, ancienne Colonie des Romains, fût alors
plus fleuriffante ; mais depuis ce tems-là, Lyon
s'augmentant de jour en jour, ne tarda pas de la
furpaffer auffi bien bien que les autres Villes des
Gaules.

Pour achever cette moitié de Lyon du cofté

de Fourviere , il faut aller voir ce qui fera de curieux , au quartier de Veze , pourveu que la diftance de S. George d'où nous venons, ne fatigue pas trop nôtre curiofité, & en ce cas, je confeille au Lecteur de faire deux Articles de ce Chapitre, & aux Curieux deux voyages differens pour S. George & pour Veze.

Vant que venir à la porte de Veze , il y a une maifon vis-a-vis la Fontaine de la Chana, qui mérite d'être veüe, à caufe de la *Fabrique de l'or de Milan* , qu'on y a établie , il n'y a pas long-tems.

Vn'autre maifon qui eft un peu plus avant eft remarquée par ceux qui ayment le Deffein, pour une peinture à frefque du *petit Bernard* , dont tout le devant étoit peint:mais on peut dire qu'il n'en refte plus maintenant, que des ombres bien legéres.

De-là on peut monter au Château de *Pierre Scize* , qui fert maintenant de prifon,& qui étoit autrefois la refidence des Archevêques lors qu'ils étoient Seigneurs Temporels de Lyon , & ce lieu leur fervoit de Citadelle pour tenir la Ville en bride, & pour en défendre l'entrée de ce côté là. Il y a même encor dedans , un petit Arcenal , & quelques Soldats pour la garde du lieu. Mais ce qui eft de plus furprenant,c'eft de treuver là haut une belle fource , qui s'eft fait paffage à travers le roc & qui fournit continuellement plus d'un pouce d'eau.

Cette Roche femble avoir été plûtoft efcarpée

&

& taillée si droitte par l'industrie des Hommes, que par un jeu de la Nature. Son nom mêmes nous l'insinue, *Petra-Scissa*, *Pierre-Scize*, qu'on pourroit expliquer autrement, *Roche coupée*.

Ceux qui croyent que la *Saône*, n'a pas toujours passé par là, treuvent dans cette Etymologie une raison plausible pour confirmer leur opinion, disant que cette Roche étoit continue avec celles qui sont vis-a-vis, dont on a fait sauter une partie, pour bâtir la maison des Tireurs de la Ville, & qu'elle fut coupée pour faire passer la Saône dans la Ville.

Mais pour faire concevoir aux Curieux, si la chose à de la vray-semblance, il ne sera pas hors de propos, de raporter les raisons dont on se sert pour établir ce sentiment, & l'endroit par ou elle peut avoir passé.

Premierement, dit-on, l'entrée de la Saône dans Lyon semble tout-a-fait forcée; & c'est presqu'un cercle entier qu'il faut qu'elle fasse pour en sortir.

En second lieu, il y a trois endroits dans son Canal, que l'on peut juger avoir été coupés par artifice, *asç.* à l'entrée de la Ville, la Roche de la porte *d'Halincourt*, qui semble avoir été côtinüe, avec celle qui est vis-a-vis aussi bien que *Pierre Scize*, comme nous avons déja dit, & la montée de *S. George*, dont la pante est trop précipitée.

De plus *Gabriel Simeoni*, dans ces observations Antiques de la Limagne *d'Auvergne*, dit qu'il a veu & touché dessous le pont de Bois de S. Iean,

H 3　　　　lors

lors que la Saône étoit fort baffe , du pavé & des murailles au fonds de l'eau , qui témoignent, *dit-il*, qu'il y a eu dans cet endroit des bâtimens, avant que la Saône y pafsât.

Enfin les Autheurs difent que Lyon à été bâty dans cet endroit que l'on appelloit *l'Ifle* , ce qui ne feroit pas fi la Saône n'avoit paffé derriere Fourviere , qui auroit de cette façon été, comme une *Ifle* , ayant d'un côté le Rhône, & de l'autre la Saône.

Pour ce qui eft du lieu ou elle doit avoir paffé: le Lict d'une grande Riviere eft tout vifible, depuis le plan de Veze jufqu'a Vlin , & quoy que les fonds fe rempliffent toûjours avec le tems , celuy là ne paroit gueres moins bas que celuy du Rhône & de la Saône. Il n'y a qu'au chemin d'Ecuilly , une petite éminence qui l'ait peu empêcher ; mais ce n'eft que de la terre,qui peut avoir été élevée pour fervir de chauffée a là Riviere , de peur que quand elle s'enfle elle ne retournât en fon premier lict.

D'autre côté ceux qui ne le voudront pas croire , diront qu'une chofe mémorable comme cela,auroit bien été rapportée,par quelque Hiftorien de l'Antiquité , comme ils nous ont parlé du Canal du Rhône que *Marius* fit faire vers Arles , dont la Camargue à encor retenu le nom, & de celuy que le grand Drufus fit pour joindre l'Iffel avec le Rhein , qui porte encor fon nom.

Ajoutés à cela que Lyon avoit été bâty au Confluent des deux Riuieres,& particulierement

le

le Temple d'Augufte : d'ou il s'enfuyvroit qu'ils en auroient été à une bonne demy lieuë.

Et à dire la vérité quand on parle de fi loin, fans autre Autheur que quelque tradition d'une partie du Peuple, & fans autre fondement que des conjectures & apparences, on ne fait que tâtonner dans l'obfcurité, & l'on ne fçauroit tant treuver de raifons pour ou contre, que l'on n'y puiffe autant imaginer de repliques. Tout ce que je puis dire là deffus, c'eft que fans affurer que la Saône ayt paffé, par où nous avons dit, je trouve la chofe fort poffible, & j'en laiffe le jugement à des perfonnes plus éclairées que moy.

Quand on fera defcendu de Pierre-Scize, l'on peut aller voir à 30. pas de là, le Conuent des Cordeliers de l'*Obferuance*. L'Eglife a vne tres-belle Chappelle à main gauche, dont on dit que le deffein eft de Michel Ange, & il y a dedans vn beau Tableau de S. François fait par *Vannius*, & aux quatre coins de la Chappelle quatre colom-nes d'vn marbre gris tout particulier, qu'on a fait venir d'Italie.

Obfer-vance.

Tout aupres de ce Conuent, dans le milieu de la ruë, eft cette Mazure antique, qu'on appelle *le Tombeau des deux Amans*, qui paroit à la vérité avoir été affés fuperbe : mais comme nous n'a-vons aucun Hiftorien ancien qui en parle, ni aucune Infcription qui nous en éclairciffe, il ne faut pas s'étonner, fi le peuple s'émancipe d'y faire des Commentaires fabuleux. La plufpart difent, que deux Amans, qui s'étoient long-

Tombeau des deux Amans.

tems

tems cherché par le monde , & qui étoient morts de joye en se rencontrans à Lyon , y sont enterrés. D'autres croyent que c'est le Sepulchre d'Herodes & Herodias, qui avoient été rélegués à Lyon par Caligula,& qui y finirent leurs jours, comme récite Iosephe. Il est vray que d'autres Autheurs,& Iosephe mêmes en vn autre endroit, disent qu'ils moururent en Espagne, dans la derniere misére : de sorte qu'il n'est pas seulement certain s'ils sont morts icy , & quand la chose seroit asûrée , il n'y a pas d'apparence qu'on eut dressé à vn misérable qui s'étoit attiré la haine de l'Empereur , vn monument si superbe , dans vne ville comme Lyon , sujette & affectionnée à l'Empire.

Como-
stor.
Parad.

Tombeau

Tombeau des deux Amans.

De Rubys fait vne autre party, & tient que
c'est le Tombeau de quelque ancien Chrétien,
mary

mary & femme, qui auroient fait vœu de virgi-
nité, & la raison qu'il en donne, c'est qu'il dit
qu'on appelloit anciennement les personnes
qui avoient fait vn tel vœu, *duo amantes, les
deux amans.* Mais ie croy qu'il y aura peu d'Antiquaires qui soient de son opinion, & qui ne
jugent à la premiere veuë, que c'est vn ouvrage
Romain. De plus il n'y a aucune marque du
Christianisme, comme ils avoient accoutumé
de mettre quelque Croix ou quelque histoire de
la Bible en Sculpture, pour se distinguer des
Payens. Que si l'on croyoit ce monument d'vn
siecle plus proche, depuis que le Paganisme fut
entierement aboly dans la France, il faut se sou-
venir qu'alors l'Architecture, aussi bien que les
autres Arts avoient beaucoup perdu de leur lu-
stre, par la domination des Goths, qui sembloient se piquer autant de mal bâtir, que l'on
s'étoit efforcé auparavant de perfectionner &
l'Architecture & la Sculpture.

Enfin chacun en pensera ce qu'il luy plaira;
pour moy ie pancherois plûtot à croire que ce
n'est point vn tombeau, parce que si cela étoit,
il y auroit quelque Inscription. On en étoit assés
liberal, chez les Anciens; jusques-là qu'ils en
faisoient à des gens de basse condition, & à des
petits enfans.

Ie crois qu'on pourroit plus aysément soute-
nir, que c'étoit vn Autel Payen dedié à quelque
Deité qu'on adoroit à l'entrée de la ville. Le devant regarde l'Orient, pour lequel ils avoient
vne

vne véneration particuliere , & le mur du fonds
pouvoit feruir à appuyer les pierres d'Autels
deftinées aux Sacrifices , ou les Statues des Diuinités qu'on y adoroit.

Si l'on n'eft pas las de voir des Infcriptions, en voicy encor deux que je veux indiquer
aux Curieux. La premiere eft au coin d'un por-
tail de la blancherie de Monfieur Alexandre , en
allant de *Trion* en Veze , & à peine la pourroit
on lire , fi Paradin n'auoit pris le foin de nous
la donner entiere.

D.   M.

ET MEMORI

AE SEVERIAE

FVSCINAE

AEL. ROLLIO

DE SE BENE

MERENTI

POSVIT ET SVB

ASCIA DEDICA

VIT

Ælius.

Dans le pré de la même Blancherie, à la porte de la maison où se blanchit le linge, se void celle qui suit , que nous n'avons pas veu décrite ailleurs, & qui est fort entiere.

L'une

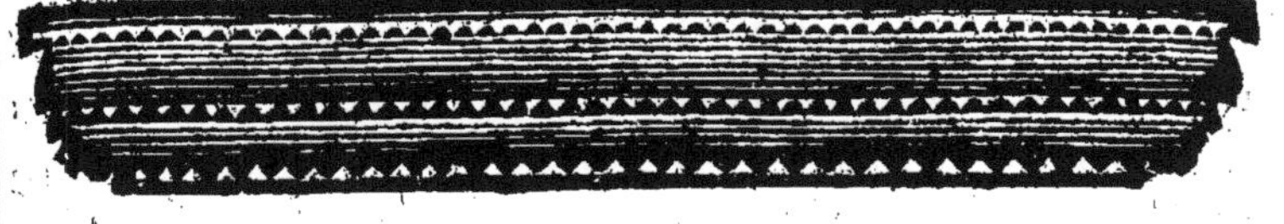

Ponendū
Curauit.

L'une & l'autre sont faciles à entendre, mais
les noms en sont bien particuliers, & si je ne me
trompe, ces mots de *Kollio, Fuscina* & *Olia Tri-*
buta, sont des noms Gaulois habillés en Latin.
C'est une chose surprenante, que les Romains
venans à vnir tant de Pays à leur domination
les eussent pû en même tems obliger à quitter
leur langue maternelle pour la Romaine: jusques-
là

là qu'on ne treuue plus ni Inscriptions, ni Liures,
ni Monnoyes, qui nous puissent enseigner
quelle langue c'étoit que l'ancien Gaulois, ou
les autres langues anciennes : hormis quelque
mots d'un côté & d'autre, qu'on juge bien n'avoir
pas été pris de la langue Latine. Ainsi lit-on dans
les Annales de Tacite, le nom d'une Montagne appellée *Teutberg*, qui signifie encor en bas Allemand, *montagne des Allemands*.

CHAPITRE VI.

Pont de Saône. Abbaye de S. Pierre. Inscriptions.

Il est tems de venir à l'autre moitié de la Ville entre les deux Rivieres, qui n'est pas de si
grande antiquité. Et mêmes nous voyons dans
les anciennes Cartes de Lyon, qu'elle n'avoit pas
il y a une centaine d'années, la moitié tant d'é-
tendue de ce côté, qu'elle en a présentement. Vn
fossé de la Ville passoit de la Saône au Rhône
depuis la Pescherie, tout du long du nouveau
Bâtiment des Dames de S. Pierre, où l'on treuva
il y a neuf ou dix ans en jettant les fondemens de
cette maison, une arcade du pont qui traversoit
ce fossé.

L'endroit où est maintenant la maison de
Ville, étoit encor il n'y a pas bien long-tems,
avant qu'elle fut bâtie, un grand fossé ou les
Arque

Arquebuziers avoient leur Butte, ce qui fait que la Place à encor retenu son ancien nom des *Terreaux* : aussi bien que le Convent de la *Deserte*, qui étoit alors un quartier desert.

Vn autre fossé passoit de mêmes, du Rhône à la Saône, par la place des Cordeliers ; où il y avoit la Porte de Saint Marcel, & de là par ruë Tupin, vers le Conuent des P. P. de S. Antoine. De sorte que tout ce qui est au delà dans le quartier de l'Hostel Dieu, de Confort & de Bellecour étoit déhors de la ville.

Au milieu de la place de Bellecour étoit vn Château entouré de murailles & de fossés, ou le Seigneur de Bellecour démeuroit.

Mais parlons de ce qui subsiste encor du debris de l'Antiquité. Et premierement en repassant la Saône sur le Pont de Pierre, il y a cette Inscription, qui est sous le pied de la Croix.

Gruterus

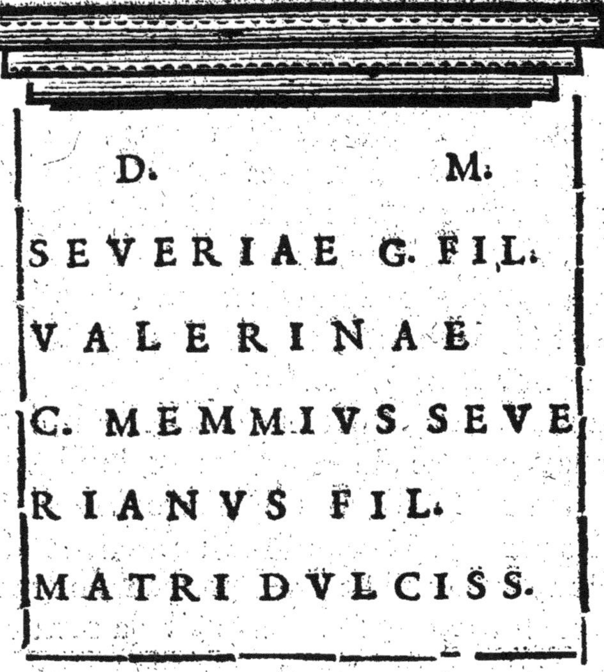

Gruterus l'a citée avec cette derniere ligne *Matri dulcissima*, qui ne paroit pas, étant enfoncée en terre.

Il y en a une autre sous ce Pont, qui est inferée dans l'Arcade, la plus proche de S. Nisier, & qui est assés difficile à lire, parce qu'elle est couchée en travers, & qu'elle ne paroit pas hors de l'eau, si la Saône n'est bien basse.

L. BESIO SVPERIORI
VIROMAND. EQ. R.
OMNIBVS HONORIBVS
APVD SVOS FVNCTO
PATRONO NAVTARVM
ARARICOR. ET RHO
DANICOR. PATRONO
COND............
........ARTORI LVGVD.
CONSISTENTIVM
ALLECTARIAE GALLIARVM
OB ALLECTVRAM FIDE
LITER ADMINISTRATAM
TRES PROVINC. GALLIAR.

Equiti Romano.

Lucius Besius Superior Chevalier Romain, auquel les trois Provinces des Gaules avoient dressé cette pierre, apparemment avec sa statue dessus, avoit passé par toutes les Charges honorables dãs son Pays, & étoit Intendant des Batteliers du Rhône & de la Saône, qui faisoient leur résidence à Lyon, & avoit de plus exercé fidellement la

I   Charge

Charge *d'Allector*, dans les Gaules. Paradin à crû que cette *Allectura* étoit une Iudicature, pour terminer les differens qui pouvoient survenir entre les Marchands ; parce que *Allegare*, signifie plaider ou alleguer son droit. Mais le R. P. Meneſtrier, ueut que ce soit, comme la Charge des Elûs, qui sont les Iuges des Tailles & Gabelles, *ab alliciendo.*

Eloge hiſt. de Lyon.

Le lieu de sa naiſſance étoit, ce Pays qui nous eſt décrit, dans les Commentaires de Ceſar, sous le tiltre de *Veromandui* ou *Viromandui*, dont la Capitale s'appelloit *Augusta Veromanduorum*, qui eſt où la Ville mêmes de *S. Quentin* en Picardie, ou quelque lieu voyſin.

Nous avons encor maintenant dans ce Pays, la Famille Illuſtre des *de Bais*, dont on voit dans Guichenon, des Pancartes & tiltres de 500 ans, qui peut avoir tiré son Origine de ce *Besius*, comme Paradin tire celle des *Laurencins*, qui eſt auſſi une famille ancienne & conſidérable, de *Q. Vireius Laurentinus.*

Le mot imparfait de COND. peut signifier *Condeatium*, qui étoit un peuple ſitué proche la Riviere de Garomne.

Pour ce qui eſt de *Tres Provincia Galliarum*, dont il fait icy mention, il faut ſçavoir que les Gaules ont été differemment diuiſées ſelon les Autheurs & ſelon les tems. Iules Ceſar dans ſes Commentaires, les diuiſe en trois qu'il appelle *Gallia Togata*, *Comata* & *Braccata*, ſuivant les differentes modes qu'ils avoient, dans leur ajuſtement. Mais depuis qu'elles furent entierement

rement

tierement vnies à l'Empire, Auguste les divisa en trois Provinces , dont la premiere étoit la *Gaule Lyonnoise. Gallia Lugdunensis* ou *Celtica* , qui prenoit son nom de Lyon sa Capitale , & comprenoit les Pays que nous appellons presentement , les deux Bourgognes , la Suisse, la Champagne , la Normandie & la Picardie. La Seconde s'appelloit *Gallia Narbonensis* , *la Gaule Narbonoise* , dont Narbone étoit Métropole , & tenoit le Languedoc, la Provence, la Savoye & le Dauphiné. Et enfin la derniere : *Gallia Aquitanica, la Gaule Aquitanique,* qui avoit pour chef la Ville de Toulouse , s'étendoit dans toute la Guyenne, l'Auvergne & le Poitou.

Les Geographes y ajoûtent la Belgique *Gallia Belgica* : mais celle-cy est plus souvent mise avec l'Allemagne , & on ne treuve ordinairement dans les Inscriptions , que ces autres trois ensemble.

Cette division des trois Gaules par l'Empereur Auguste , qui a continué jusqu'au tems de Constantin se justifie par quantité d'autres semblables Inscriptions , & sans aller plus loin en voicy deux dans Lyon , qui sont aux deux côtés du grand Autel de l'Eglise de S. Pierre.

I

Quinto.	Q. IVLIO SEVERINO
	SEQVANO OMNIB.
	HONORIBVS IN
	TER SVOS FVNCTO
	PATRONO SPLENDI
	DISSIMI CORPORIS
Nauta-	N̄ RHODANICOR. ET
rum.	ARAR. CVI OB INNOC.
	MORVM ORDO CIVITA
	TIS SVAE BIS STATVAS
	DECREVIT INQVISITO-
	RI GALLIARVM TRES
Gallia.	PROVINC. GALL.

Gruterus la cite une fois à la pag. 425. & la
repete comme différente à la pag. 476. où il met
Q. Tullio, pour Q. Iulio, & y ajoute à la fin
I. CONCOR. AVQV. FELICITAS Q. R. P. M. mais
je ne treuve point de sens, dans tous ces termes,
& je ne croy pas qu'elle se treuve double en
cette Ville; comme l'on luy a voulu imposer.

Q. Iulius

Q. Iulius Seuerinus avoit joüy dans fa patrie, parmy les Sequanois, de toutes les dignités honorables, qu'il pouvoit efpérer. Il avoit été Intendant du Corps tres illuftre des Batteliers du Rhône & de la Saône, & outre cela en confidération de l'innocence de fes mœurs, les Magiftrats de fon Pays & les trois Provinces des Gaules luy avoient decreté deux ftatues : dont cette pierre peut avoir feruy de Bafe.

Il ajoute une autre de fes charges *Inquifitori Galliarum*, qui étoit apparemment un employ, qui luy donnoit l'infpection, fur les Iuges, & Magiftrats des Gaules, pour connoître s'ils s'acquitoient fidellement de leurs charges : comme nous avons prefentement la charge, *des Intendants de Prouince.*

2

```
TIBER. POMPEIO
POMPEI IVSTI FIL.
PRISCO CADVRCO
OMNIB. HONOR.
APVD SVOS FVNCT.
TRIB. LEG. V. MACEDONICAE
IVDICI ARCAE GALLIARVM
III. PROVINC. GALL.
```

Ie me suis quelquefois étonné que Gruterus cite les Inscriptions de Lyon, mieux que Paradin même, de qui il les avoit copié : c'est qu'il a eu le soin de retirer ses Manuscripts, comme il met dessous celle-cy, *è schedis Paradini*, & qu'ainsi il a evité les fautes d'impression, dont celles de Paradin sont remplies.

Au reste les trois Provinces des Gaules donnent à *Tiberius Pompeius*, Fils de Pompeius Iustus, surnommé Priscus, le même éloge qu'au precedent, d'avoir passé par tous les honneurs de sa patrie : mais il est qualifié de plus, Mestre de Camp de la cinquième Legion Macedonique, & *Iudex Arcæ Galliarum*, qui est une charge semblable à celle du Sur-Intendant

des

des Finances , ou Prefident à la Chambre des Comptes. *Cadurco*, c'eft natif de Cahors en Quercy , qui eft une ancienne Ville, appellée autrefois *Cadurcum*.

Au fujet de ces trois Gaules dont nous avons parlé , voicy vne medaille que S. Amant à fait graver dans fes Commentaires hiftoriques , & qui eft entre les mains de Mr Charles Spon le jeune.

Elle a d'un côté trois teftes qui réprefentent les trois Gaules, comme l'infcription, T R E S GALLIAE , nous le montre. Les Epics font des fymboles de leur fertilité. De l'autre côté eft l'Empereur Galba à cheval , avec fon nom en abbregé *Servius Galba Imperator*.

Les deux pierres fuivantes font enclavées , au pied de la Tour de S. Pierre, dans l'endroit ou eft maintenant le Charnier.

```
       I O V I   O. M.
Q. ADGINNIVS  VRBICI
FIL. MARTINVS  S E Q.
SACERDOS ROMAE ET AVG. AD
ARAM  AD CONFLVENTES ARA
RIS  ET  RHODANI  FLAMEN
II. VIR  IN  C I V I T A T E
     S E Q V A N O R V M
```

```
MARTI SEGOMONI  SACRVM
             A N N V A
...VRBICI FIL.  MARTINVS
...SACERDOS ROMAE ET AVG.
...MVNACIO PANSA COS.
...IN CIVITATE SEQVANORVM
... E  GALLIAE  HONORES
...ET SVIS DECREVERVNT.
```

La *prémiere* eſt vn vœu à Iupiter par *Quintus*
Adginnius Prêtre au Temple d'Auguſte, qui étoit

au

au concours des deux Riuieres du Rhône & de la
Saône. Cét Autel fut dedié à Augufte, comme
l'on peut recueillir de Suetone, l'an de Rome
744. c'eft a dire trente-trois ans apres la fondation de Lyon. Le même Autheur rapporte *Suet. in*
qu'Augufte ne permit pas qu'on luy bâtit des *Aug.*
Temples dans les Prouinces, *nifi fuo & Roma* *Cap.5 2.*
communi nomine, fi ce n'eft au nom de Rome &
au fien conjointement. D'où vient qu'au reuers
de fes Medailles, où il y a vn Temple, on y voit
auffi ces characteres deffous, R o m. e t A v g.
Ro ma & Augufto. Ce qui me fait dire que ces
mots S a c e r d. a d. T e m p l v m R o m. e t A v g.
ne fignifient pas, comme l'a expliqué Paradin.
Sacerdos Roma & Augur. Mais *Sacerdos Roma*
& Augufti, Prêtre à l'Autel dedié à Rome & à Augufte: & pour ne pas vous en laiffer douter, vous
en verrés une dans ce Chapitre ou il y a tout au
long *Sacerdos ad Templum Roma & Auguftorum.*

Il y avoit deux Autels dans ce Temple celebre
que les Gaulois avoient fait bâtir a communs
frais, l'un qui étoit dedié à Augufte & l'autre à la
Deeffe Minerue, d'ou vient qu'il fut auffi appellé
Athenæum, ou *Athenacum*, non pas parce qu'il
y avoit des fçavans d'Athenes qui y enfeignaffent,
comme quelques-uns de nos Autheurs ont ima-
giné; mais parce qu'*Athéné* eft le nom de Minerve dans la langue Grecque.

On tient que le mot *d'Enay* eft venu de là, par
corruption; cette Abbaye étant bâtie dans le
même endroit que cét ancien Temple, dont il
ne refte plus rien que le nom. Si ce n'eft que
quelques

quelques-uns eſtiment, que ces quatre belles co-lomnes,de l'Egliſe d'Enay , ſont encor du débris de ce Temple.

La *Seconde* eſt voüée au Dieu Mars qui a un tiltre extraordinaire de *Segomon* , apparemment de quelque lieu particulier , dont il empruntoit le nom,comme l'on lit dans d'autres Inſcriptions. *Marti Ciradino,Britouio, Leucetio , Vincio.*

Les deux mots de *Munacio Panſa* peuvent auſſi embarraſſer : car ni ce ſurnom de *Panſa* n'eſt point de la famille *Munatia,* ni ce *Munatius Pan-ſa* ne paroit point dans la liſte des Conſuls. Ne ſeroit-ce point une faute du Sculpteur pour *Mu-nacio Planco,* Fils du Fondateur de Lyon , qui fut Conſul l'an de Rome 766. ? ... E eſt la fin de *Provincia* , ſelon le témoignage de Paradin.

En voicy encor deux des mémes Prêtres à l'Autel d'Auguſte , dont la premiere eſt ſous la Croix au milieu de la place de S. Pierre.

C. CATVLLio
DECIMINO
TVTI CATVLLIN. fil.
TRICASSIN. omnib.
HONORIB APVD
SVOS FVNCTO SACerdoti
AD TEMPL. ROM. ET
AVGG. III. PROVINC. GALL.
T.   R.

Caio.

Roma & *Augusto-* *rum.*

Nous avons obligation à Paradin, de nous l'avoir citée entiere car à present qu'elle a été rognée aux côtés; il y a plusieurs mots qui ne paroissent pas. Gruterus mêmes y ajoûte LVNI DOMITIO VXORI CATVLI DECIMIN. *Tricassino* c'est natif de Troye en Champagne. Le reste à déja été expliqué.

L'Eglise de *S. Cosme* qui est au fonds de la place de S. Pierre, est une ancienne Eglise; ce qui paroit parce qu'elle est fort basse, & l'on sçait que l'on a toûjours elevé de tems en tems le pavé, depuis qu'on a veu l'incommodité des débordemens de la Saône : & l'on peut observer la même chose, dans les Eglises d'Enay, de Saint Paul, & de Sainte Croix.

A l'escalier d'une petite maison qui joint cette Eglise, on void cette pierre engagée dans le mur.

C'est

feR VILIO

marTIANO

ARVERNO

C. SERVILI

DOMITI FILIO

SACERDOTI AD

TEMPLVM ROMAE

ET AVGVSTORVM

TRES PROVINCIAE

GALLIAE

Caij.

C'eſt vne pierre érigée, comme les préceden-
tes, par les trois Prouinces des Gaules, à l'honneur de *Seruilius Martianus* Auvergnat, fils de
Caius Seruilius Domitius, & Prêtre au Temple
dedié à Rome & aux Empereurs : où il faut remarquer que dans les premieres, ce Temple eſt nommé *Templum Romæ & Auguſti*, parce qu'il avoit
été ſeulement conſacré pour le ſeruice de l'Empereur Auguſte : mais les Empereurs ſes ſuccef-
ſeurs, prétendans auſſi bien que luy à la Diuinité,
voulurent ſans doute y auoir auſſi leurs Autels :
ce qui fût cauſe qu'on l'appellât en ſuitte *Templũ*
Romæ & Auguſtorum. Ou bien ils voulurent qu'on
leur encenſât, comme à des Dieux, ſur le même

me Autel d'Augufte : qui fut caufe qu'on nomma cét Autel *Ara Cæfarum*, comme en fait foy
vne belle Infcription, qui a été autrefois deterrée à Lyon, auprés de S. Pierre : & dont ie ne
peux pas maintenant enfeigner l'endroit où elle
eft, n'ayant pas eu encor le bonheur de la découvrir.

Tib. Antiſtio Fauſti fil. Quirina Marçiano Ciuium
domo Circina Præf. Coh. II Hiſpanæ Trib. Leg. XV. Romano-
Apollinaris piæ, fidelis : Præfeto Alæ Sulpiciæ rum.
C. R. fecundum mandata Impp. Dominor. N N. Procura-
Avgg. *Integerrim. abſtinentiſſimoque Procur.* tori.
tres Prouinciæ Galliæ Primo vmquam Eq. R. à Cen- Equiti
fibus accipiendis ad Aram Cæfaram ſtatuam Eque- Roma-
ſtrem ponendam cenſuerunt. no.

Monfieur Thomé ancien Efchevin, a eu
plus de foin de conferver à fa Cour qui eft à
l'entrée de la petite ruë Merciere, vne fort
belle Infcription, qu'il treuva, il n'y a pas
long-tems, en jettant les fondemens de fa
maifon : & ie ne dois pas avoir moins d'empref-
fement de la donner fidellement aux Curieux,
puifqu'elle n'a été copiée que par le R. P. Mené-
trier, lequel y a par mégarde changé quelques
mots : Par exemple, il met *Seuerino*, au lieu de
C. Furio : & Proconful, pour *Procurator*, qui font
deux Charges fort differentes : & qui changent
bien le fens ; car la Prouince de Lyon ne fe gou-
uernoit pas par Proconfuls, n'étant pas une
Province

Province du Peuple : mais par des Preteurs
ou Lieutenans des Empereurs ; comme Séuere
le fut, fous l'Empereur Commode. Il change
auffi le nom de *Caius Atilius Marullus*, en *Ca-
tellus Marcellus.* C o H. F. ne fignifie pas auffi
Cohortis Faby : mais il fe doit prendre comme
ailleurs, pour *Cohortis Fidelis.*

C. FVRIO.

C. FVRIO SABINIO AQVILAE
TEMESITHEO PROC. PROV. LVGVD. ET
AQVIT. PROC. PROV. ASIAE IBI VICE XX.
ET XXXX ITEMQ. VICE PROCOS. PROC.
PROV. BITHYNIAE PONTI PAPHLAGON.
TAM PATRIMONI QVAM RAT. PRIVATAR.
IBI VICE PROC. XXXX. ITEM VICE PROC.
PATRIMON. PROV. BELGIC. ET DVARVM
GERMANIAR. IBI VICE PRAESID. PROV.
GERMAN. INFERIOR. PROC. PROV. SY
RIAE PALAESTINAE IBI EXACTORI RELI
QVORVM ANNON. SACRAE EXPEDITIO
NIS PROC. IN VRBE MAGISTRO XX
IBI LOGISTAE THYMELAE PROC. PROV.
ARABIAE IBI VICE PRAESID. BIS PROC.
RATION. PRIVAT. PER BELGIC. ET DVAS
GERM. PRAEF. COH. F. GALLIC. IN HISPAN.

C. ATILIVS MARVLLVS ARVERN.
ET G. SACCONIVS ADNATVS ME
DIOMATR. PATRONO OPTIMO.

Caio.
Procura-
tori Pro-
vinciæ
Lugudu-
nenfis &
Aquita-
nicæ.
Rationū.
Quadra-
gefima.

Vigefima.

Cohortis
fidelis.

On peut juger par cette Infcription, que la
recepte de prefque tout l'Empire étoit alors
à Lyon, puis que ce *Caius Furius Sabinius Aqui-*
la, à la memoire duquel *Caius Atilius Marul-*
lus Auvergnat *& Gaius Sacconius Adnatus*, natif
de

de la Ville de Mets, avoient dreſſé ce Monument
êtoit Réceveur des Provinces Lyonnoiſe , &
Aquitanique , de l'Aſie , Bithynie , Pont & Pa
phlagonie , tant pour les droits du Domaine d
l'Empereur que pour les Finances. De plu
Réceveur des deux Allemagnes haute & baſſ
des Pays bas, de l'Arabie & de la Syrie Paleſtin
Contrôlleur à Rome, & Commis en différente
Provinces , pour les droits de la vingtiême &
pag. 108. quarantiême , dont nous avons déja parlé.

Strabon parle d'une Ville qu'il nomme *Te
meſa* , renommée pour le Cuivre. Ie ne ſçay
ſi c'eſt le Pays de *Severinus Sabinius Aquil*
qu'il appelle *Temeſitheus* , & ſi cette Ville de *T*
meſa eſt la même que *Tempſa* en Italie , dont l
habitans ſe nommoient *Temſanei*, comme il ſe l
dans les Inſcriptions Romaines de Gruteru
Stephanus parle auſſi de cette Ville de Temeſ
mais il dit qu'on appelle un Bourgeois de là
τημεσαῖος : de ſorte qu'il eſt encor à douter ſi *T*
meſitheus , vient de *Temeſa*. Les ſçavans ont r
marqué , qu'il y avoit deux Villes de ce nom
l'une en Italie , & l'autre en Cypre : ſur quoy o
peut conſulter le Phaleg de Mr Bochart.

Le mot de *Thymela*, n'eſt pas moins embarra
ſant : car s'il ſignifie icy , cét endroit du Parter
Viues in dans les Théatres, ou les Boufons faiſoient leu
Auguſt. geſticulations , & les Muſiciens leur ſymphoni
de ciuit. je ne voy pas grand proportion entre les autr
Dei. charges de *Sabinius Aquila*, & celle de Maître o
directeur des jeux du Théatre.

Si les Inſcriptions antiques qui ſont gravé

fur des pierres telles que la précedente, que les gens du métier appellent du *Choin*, fe font fi bien confervées à caufe de leur dureté, qui n'eft pas moindre que du marbre : celles qui font fur des tombes creufes de pierre, n'ont pas le même avantage : car comme on a été obligé de choifir une pierre plus molle pour la pouvoir creufer avec moins de peine; auffi les Infcriptions y font elles plûtot effacées. Celle-cy qui eft dans une Cour qui traverfe de la Pefcherie, à la rüe de l'Enfant qui piffe, n'a pas eu un fort plus favorable ; car on a bien de la peine à la déchiffrer.

<pre>
       ET MEMORIAE SALVIAE VALERI

       ANAE QVAE VIXIT ANN. II. M. I. D. II. ET
  D   SALVI FELICIS FRATRIS EIVS QVI   M

       VIXIT M. I. D. XXV. IN SVO SIBI PO

       SITI SALVIVS VICTOR PATER ET

       VALERIA AGATHEMERIS MATER

       FILIS CARISSIMIS PONENDVM CV

       RAVER. ET SVB ASCIA DEDICAVERVNT
</pre>

C'étoit une tombe pour tenir les deux Corps de *Salvia Valeriana* âgée de deux ans, & de fon frere *Salvius Felix*, qui n'avoit pas encor atteint

 l'âge

l'âge de deux mois. Le terme de *Filius*, dont *Salvius Victor & Valeria Agathemeris*, leur Pere & Mere se servent, pour la Fille aussi bien que pour le Garçon, en place de *Liberis*, n'est pas ordinaire en ce sens.

Ces deux icy sont dans la même rüe à la Cour de Mr Moze M^{tre} Apothicaire.

I

VSTO IVLIAE

EO MAGIL

KANO TI. FILIA

Elle semble n'estre pas parfaite, & si neanmoins elle est sur une cuve de pierre, qui paroit bien entiere.

C'est

2

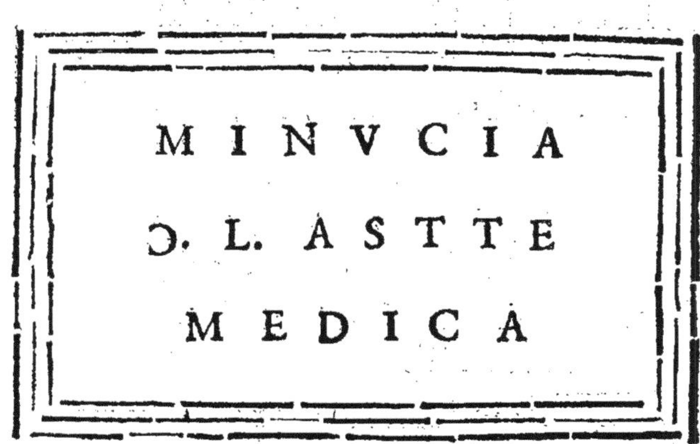

C'eſt vne petite Table de marbre , qui eſt autrefois venüe de Rome , comme on peut le voir
par le Corps des Inſcriptions de Gruterus , qui
la cite *Roma, inter fontem Trivij & Quirini.* *Grut. pag. 636*

Il falloit qu'anciennement il y eut bien de l'a-
bus dans la Médecine, puis qu'on la laiſſoit exercer par des Femmes. Il eſt vray que le mot de
Medica, ſe prend auſſi quelquefois pour une
ſage femme.

Les lettres renverſées ſont les noms des Femmes : Ɔ. L. ſignifie donc icy *Caia Liberta.* Et pour
le ſurnom d'*Aſte*, où le Sculpteur ignorant à
doublé le T. il eſt d'origine Grecque , comme *Athe-naus. pag. 572*
ſi l'on diſoit en Latin *Vrbana*, courtoiſe.

Ce Fragment eſt au coin de la rüe du Beſſard
vers la Peſcherie.

...MIO PRISCOE

...NILLÆ F. III PROV. *Tres Provincia.*

I'y remarque seulement l'Æ, qui est rare dans l'Antique joint ensemble: nous l'avons pourtant déja veu au mot de TITIOLÆ à la page 107. Mais c'est comme des autres lettres, qu'on ne joignoit ensemble, que par maniere d'abbréviation.

CHAPITRE VII.

Iesuites. Carmes. Chartreux. Carmelites. Iacobins. Enay. Inscriptions Romaines & Gotiques.

Iesuites. LE grand College des *Iesuites* est un des plus beaux qu'ils ayent en Frãce La Cour est toute ornée de sçavantes peintures, d'emblemes & de plusieurs sortes de quadrans ingenieux; dont les mysteres sont expliqués, dans un petit Livre intitulé, *le Temple de la Sagesse*. Ils ont encor dans cette maison une fort belle Biblioteque, & un cabinet de Médailles & autres raretés recueillies par le R. P. la Chaize, tres digne Recteur de leur Compagnie. Ils sont dans ce College plus

de

de 80. Peres, & la plufpart font Celebres par
leurs écrits, & par leur fçavoir: dont l'Eloge
hiftorique du R. P. Meneftrier & l'Hiftoire de
Lyon du P. Saint Aubin, vous inftruiront fuffi-
famment.

Ils ont un autre College de delà l'eau, & la
maifon de S. Iofeph en Bellecour, ou le R. P.
Compain, à fondé depuis peu une Biblioteque.

Les *Chartreux*, meritent d'être vûs, tant pour
la beauté du Convent, que pour la belle fituation.
A un Pavillon de leur Iardin eft cette Infcription.

Char-
treux.

V X A S S O N I

N I G R I M A S I A E I

B A S S V S C L E M E N S

L A E T V S A M I C I

D. S. D.

De fuo
dederū.

Le mot *d'Vxaffonus* eft comme d'autres, que
nous avons vû, un nom de quelque Gaulois, à qui
fes amis *Baffus, Clemens, & Lætus* avoient eu foin
de rendre les derniers devoirs.

L'Eglife des *Carmelites* au deffous des Chartreux, eft une des plus élégantes de Lyon : auffi
eft-elle une marque de la Pieté & de la libéralité
de l'Illuftre maifon de Villeroy, dont les der-

Carme-
lites.

K 3   niers

niers morts Monſieur d'Halincourt & Madame
de Harlay ſa femme avoient fondé cette Egliſe,
qui vt haberent , viui ſibi poſuerunt domum æter-
nam, comme parlent nos antiques.

Dans une grand' Chapelle de cette Egliſe eſt
la ſtatue de Monſieur d'Halincourt, travaillée
avec beaucoup d'art, poſée à genoux ſur un beau
ſoubaſſement de marbre noir.

On lit dans un ply de la robe, l'année & le
nom du Sculpteur, IACOB RICHER , 1635. Ce
qui marque que depuis longtems il étoit effecti-
vement tout préparé à la mort, puis qu'il ne
mourut que l'an 1642. Ainſi on a eu raiſon de
mettre, au bas de ſon Monument.

D. O. M.

M O R T I S

M E M O R V I V E N S

P O S V I T.

Son Epitaphe qui eſt au côté , ne nous en-
ſeigne que ſes qualités , & le jour de ſon decés,
laiſſant à la renommée de nous apprendre ſes
vertus & les obligations que nous luy avons.

CY GIST MESSIRE CHARLES DE
NEVFVILLE SEIGNEVR D'HALINCOVRT
ET DE MAGNY MARQVIS DE VILLE
ROY COMTE DE BVRY VISCOMTE
DE LA FORESTZ THAVMIER
CHEVALIER DES ORDRES DV ROY
CONSEILLER EN SES CONSEILS
D'ESTAT ET PRIVE' CAPITAINE DE
CENT-HOMMES D'ARMES ET DE SES
ORDONNANCES SENESCHAL DE
LYON GOVVERNEVR ET LIEVTENANT
GENERAL POVR SA MAIESTE' EN LA
VILLE DE LYON PROVINCES DE
LYONNOIS FORESTZ ET BEAVIOLOIS
LEQVEL DECEDA LE XVII. IANVIER
M. D.C. XLII.

Madame d'Halincourt eſt dans la même Chapelle, avec ſa ſtatue d'Albaſtre élabourée de la
même main, & cette Epitaphe l'accompagne.

                ICY

ICY GIST DAME IAQVELINE DE
HARLAY DAME D'HONNEVR DE
LA REINE MERE DV ROY FONDA-
TRICE DE LA MAISON ET MONA-
STERE DES RELIGIEVSES CAR-
MELITES DE CEANS FEMME DE
HAVT ET PVISSANT SEIGNEVR
MESSIRE CHARLES DE NEVFVILLE
SEIGNEVR D'HALINCOVRT MARQVIS
DE VILLEROY &c. LAQVELLE
DECEDA LE QVINZIEME IOVR
DE MARS MILLE SIX CENS
DIX ET HVIT.

Carmes. Les grands *Carmes* au bas de la côte, ont dans leur Eglise vne Chaire de Predicateur en Sculpture de Noyer, qui passe pour belle. C'est dans ce Convent que s'assemble le College des Medecins & le Corps de Pharmacie, quand ils ont quelque aspirant à recevoir.

Cordeliers. Ceux qui aiment les Inscriptions Gothiques pourront s'exercer à lire à la façade de l'Eglise des *Cordeliers*, vn Eloge en François de Simon

de

de Pavie, Medecin de Louys XI. qui auoit acquis des grands biens au seruice de ce Roy, &
qui avoit fait bâtir tout le deuant de l'Eglise des
Cordeliers, & ses armes y paroissent encor à la
voute. Il y a dans cette même Eglise l'Epitaphe
d'vn Gentilhomme Allemand de Nuremberg,
de la famille des Tuckers, qui est sur vne plaque de fer, happée contre vn pilier de l'Eglise.

Celle de Symphorien Champier est dans la
Chappelle de S. Luc, fort longue & en lettre Gothique. Il pratiquoit la Medecine à Lyon, au
commencement du quinziéme siecle, & avoit
été Escheuin, ou plûtot vn des douze Conseillers de la Ville; car ce n'est que depuis l'année
1596. que le Consulat a été reduit à vn Prevost
des Marchands, & quatre Escheuins.

Dans l'Eglise & dans le Cloître, on peut voir
d'autres tombeaux anciens de trois ou quatre
siecles, dont ie n'ay pas voulu grossir ces Re-
cherches; parce que j'ay veu tres-peu de personnes, qui ayment les Inscriptions Gothiques,
soit parce qu'elles sont tres-difficiles à lire, ou
parce que rarement ont-elles quelque chose de
curieux & d'historique, & qu'elles sont con-
ceuës en tres-mauvais termes.

L'Eglise des *Iacobins* est assés belle, & parti-   *Iacobins.*
culierement le Chœur, qui est tout de Marbre
blanc.

Dans la Chapelle des Comtes de Gadagne, où
sont les statuës d'vn Comte & de sa femme de
cette Famille qui ont fondé la Chappelle, il
y a un Tableau de *Salviati*, qui passe pour une
piece

piece vnique parmy les gens du métier. On dit
que la Reine Mere, le vouloit payer d'autant de
Louys d'or, qu'il en faudroit pour le couvrir,
quoy que sa hauteur soit plus d'une Toise, & sa
largeur à proportion. Il réprefente S. Thomas
qui eft convaincu de son incredulité, à la veüe
de Noftre Seigneur reſſuſcité, qui femble la luy
reprocher.

Sous la voute de cette Eglife, qui eft la premiere en entrant par la Rüe S. Dominique, eft
la *Sepulture des Allemands Imperiaux*, avec une
Aigle de Bronze, appliquée contre la Tombe.
Golnitzius fait un long difcours là deffus que les
curieux peuvent confulter.

A deux pas de là, cette Epitaphe de Dalé-
champs eft enclavée dans le mur. La Faculté de
Medecine, & toute la République des lettres,
a trop d'obligation aux Sçavans écrits qu'il a
mis au jour, pour le laiffer mourir d'une feconde
mort, par un oubly ingrat & injurieux à fa mémoire.

D. O. M.

D.   O.   M.

ET

M.   Æ.

SISTE GRADVM VIATOR ET PELLEGE,
IACOBVS DALECHAMPIVS CADO
MENSIS MEDICVS CELEBER
RIMVS NOTAE ET SPECTATAE
FIDEI BONORVM OMNIVM
AMICISS. STVDIOSISS. AVCTVS PROLE
DVLCISS. CARISS. ANNVM AGENS
LXXV CVM MAGNO SVORVM LVCTV
VNIVERSIQ. POP. DESIDERIO
MORTIS QVONDAM VICTOR A MORTE
TANDEM VICTVS OBIIT KAL. MART.
ANN. CIƆ IƆ LXXXVIII.

ΠΡΟΣΩΠΟΠΟΙΑ

ME SINV CADOMVS SVO TENELLVM
EXCEPIT, DOCVIT CHORVS SORORVM
ARTES, NVNC TVMVLVS TEGIT IACENTEM;
AT FAMA INGENII VOLAT SVPERSTES.

La Sépulture des Comtes d'Albon , qui ont
fourny des Gouverneurs & des Archevefques
à la Ville , eft fous cette voute fans aucune Infcription, que deux lignes qui témoignent que
c'étoit là leur tombe. Celle de la Famille de
Claude de Rubys qui a fait une hiftoire de Lyon,

eft

est dans ce même lieu joignant la Porte.

Dans la place de *Confort* on a écrit contre la maison de la Tour de l'Ange, au coin de la rüe Ecorchebœuf, cét étrange débordement des deux Rivieres, qui fit tant de ravage dans la Ville, il y a plus d'un siecle.

> *L'an 1570 & le Dimanche troisiesme jour de Decembre environ onze heures du soir, le Rhosne & la Saosne se sont assemblés en la Place de Confort, au coin de la maison appellée la Tour, & l'onziesme jour dudit mois le Rhosne est remonté audit Coin.*

La Pyramide qui est au milieu de la Place, & qui porte des mots & des sentences de plusieurs sortes de Langues, a été érigée à l'Honneur d'Henry IV. comme l'Inscription qui est à la base le fait voir.

A la Cour de Monsieur de *St. Maurice*, au coin de Bellecour, se void une jolie Inscription, dont personne à ce que je sçache, n'a encor fait mention.

```
MERCVRIVS HIC LVCRVM
PROMITIT APOLLO SALVTEM
SEPTVMANVS HOSPITIVM
CVM PRANDIO QVI VENERIT
MELIVS VTETVR. POST
HOSPES VBI MANEAS PRoSPICe
```

Il semble que ce devoit être vne pierre mise à la Porte d'vn Logis , dont l'Hôte s'appelloit *Septumanus*, qui fait esperer à ceux qui viendront loger chez luy, du profit dans leur négoce de la part de Mercure, Dieu des Marchands , & la santé par la faveur d'Apollon, Dieu de la Médecine. Et cela convient bien à la ville de Lyon, qui a été de tout tems fort marchande & le climat fort temperé.

Cét Hôte promet aussi de son côté , le logement & le disner , afin que celuy qui y viendra s'en porte mieux , & treuve ensuite à se placer dans la ville.

Il y a dans cette même Cour vn petit *Bacchus* antique de marbre noir , assis sur vn tonneau. Et au pied de l'escalier vn tombeau de Marbre blanc , d'un Comte *de Foix* avec sa femme , dont l'éffigie en Sculpture de l'vn & de l'autre est couchée dessus.

Ie ne dis rien de *Bellecour*, qui est vne des plus belles places qui soient en France, du moins pour être dans l'enclos d'une Ville : elle a plus de 600. pas de long & 300. de large.

L'Arcenal est en allant de cette Place au jardin d'Enay : mais il est maintenant vuide, pour le peu de crainte qu'on a dans ce Pays des incommodités de la Guerre. Et bien qu'il y ayt icy dans le Fauxbourg de Veze vne maison destinée à la Fonte des Canons, c'est seulement pour en fournir les Places qui en ont besoin, & les Vaisseaux de la mer Mediterranée.

Enay que nous avons dit avoir pris son nom de l'ancien *Athenæum*, où l'on faisoit les jeux Academiques & le seruice à Auguste, comme nous avons dit aux pag. 10. & 135. est une Abbaye assés bonne, que les anciennes Pancartes appellent *Cænobium Athanactense*. Le Iardin étoit autrefois tres-beau & tres-bien entretenu, & il ne laisse pas quoy qu'on l'ait un peu négligé, d'être encor fort agreable.

L'Eglise est un ancien ouvrage Gothique, qu'on croit avoir été construit sur les ruines du Temple d'Auguste, & l'on void devant le grand Autel en un pavé de Mosaïque, l'éffigie de l'Archevesque Amblardus qui la rebâtit dans l'onziéme siecle, & la representation de l'Eglise faite avec ce même pavé de petites pierres noires. Ce vers mutilé s'y lit aussi en Marquetterie.

hanc ædē SACRAM PASCHALIS PAPA DICAVIT

Ce qui nous apprend que cette Eglise fut consacrée

ſacrée par le Pape Paſchal Second, & les hiſtoriens ajoutent que ce fut l'an onze-cent & douze,
en paſſant à Lyon pour aller au Concile qui ſe
tint à Troyes en Champagne.

Les quatre vers ſuivans de la même maniere,
& du même tems, y ſont auſſi écrits d'un cha-
ractére fort embroüillé.

```
ħVC ħVC FLECᵉE GEN̄ VENIĀ QVCVꝗ PCARIS
ħIC PAX Ē ħIC VⱮ SAVS ħIC SĒIFICARIS
                 PN       FT CR
ħIC VN̄ SĀGVS ħIC AIS   I    AO XPI
         DD       ?        RV AT FIT
ħVC EXⱤE  M AN   qsqs    ES NE VSI
```

Ou pour les mettre en vne forme plus intel-
ligible.

> *Huc, huc flecte genu veniam quicunque pre-*
> *caris.*
> *Hic pax eſt, hic vita, ſalus, hic ſanctifi-*
> *caris.*
> *Hic vinum Sanguis, hic panis fit Caro*
> *Chriſti.*
> *Huc expande manus quiſquis reus ante*
> *fuiſti.*

C'eſt une exhortation à tous les Chrêtiens,
qui ſouhaittent d'obtenir le pardon de leurs fautes, de venir fléchir le genoux devant l'Autel; parce

ce que c'eʃt là qu'ils doivent eʃperer la paix, la vie, le ʃalut & la ʃanctification, & que c'eʃt là même, que le vin devient le Sang de IESVS CHRIST, & le pain ʃa Chair.

Dans la *Sacriʃtie*, on montre vne caue, ou ont eʃté recueillis les os des 48. Chrêtiens qui ʃouffrirent le Martyre avec le premier Euêque de Lyon, ʃous Marc-Aurele.

Deʃʃous vn Benêtier de Marbre i'ay treuvé cette Inʃcription, en Characteres mal formés: Mais pourtant plus anciens que Gothiques.

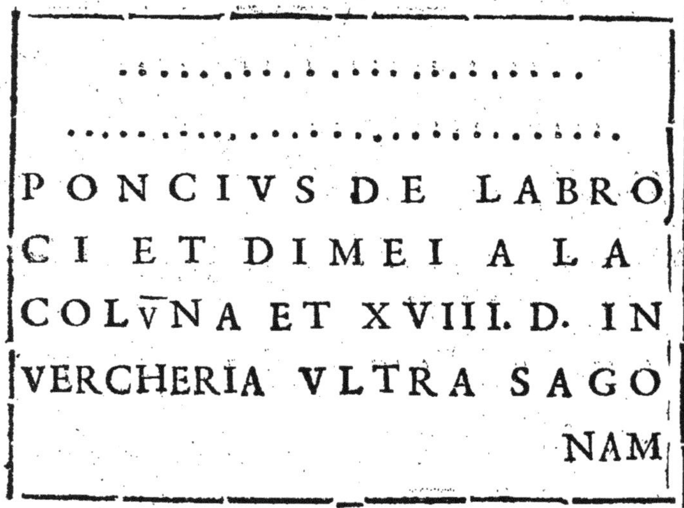

Elle parle ʃi je ne me trompe de quelques dîmes qu'avoit donné un certain *Ponce de la Broʃʃe*, & quelqu'autres rentes à un lieu de-là la Saône, appellé la Verchere.

Le mot de *Sagona*, qui ʃe treuve icy, auʃʃi bien que dans pluʃieurs actes anciens cités par Paradin, me fait un peu douter de cette Etymologie

mologie qu'on dõne à la Saône *à Sanguine Marty-*
rum, car je ne treuve point ce mot de *Sangona,*
dans les anciens Hiſtoriens, qui ont écrit depuis
cette perſecution de Severe, & Ammianus Mar-
cellinus qu'on cite pour cela, la nomme proprement *Sauconna* : ce qui eſt aſſés loin de *Sangona:*
& même cét Autheur n'a vécu, qu'environ
deux ſiécles apres Severe. Neanmoins juſqu'a
ce que j'en aye d'autres preuves, je n'y feray
pas grand' réſiſtance.

Plutarque dans ſon Livre des Fleuves fait un
Chapitre particulier de la Saône, ou il dit que
ce mot *d'Arar* vient, παρὰ τὸ ἡρμόσθαι τῷ Ῥοδανῷ
de ce qu'elle ſe meſle avec le Rhône, & dit qu'elle s'appelloit du commencement *Brigulus*, &
n'etant pas content d'avoir donné une etymologie d'Arar tirée de la Grammaire, il en propoſe
une autre, qui reſſent fort la Fable : diſant qu'un
certain *Arar* étant entré dans un Bois, pour
aller à la chaſſe, rencontra ſon Frere *Celtiberus,*
qui avoit été déchiré par les beſtes ſauvages, &
que n'ayant pas été Maître de ſa douleur, il ſe
tua luy méme, & tomba dans le Fleuve *Brigulus,*
qui prit de là le nom d'*Arar.*

Il ajoute qu'on treuve dans cette Riviére un
Poiſſon, appellé par les habitans du Pays *Scolo-* „
pis; qui eſt blanc lors que la Lune croiſt, & tout „
noir quand elle décroiſt, & que quand il devient „
trop grand il meurt par ſes propres Arêtes. „
Qu'il ſe treuve dans ſa teſte une pierre ſemblable „
à un grain de ſel, laqu'elle étant appliquée ſur le „

L côté „

,, côté gauche, au declin de la Lune, guerit les fié-
,, vres quartes.

C'eſt de ce Chapitre de Plutarque qui paroit
tout fabuleux ; qu'on veut prouver que Lyon eſt
plus ancien que Plancus : car voicy ſes propres
,, termes. Ioignant la Saône, *dit-il*, eſt une mon-
,, tagne appellée *Lugdunus*, qui a pris ſon nom de
,, ce que *Momorus & Atepomarus* déchaſſés du
,, Royaume de Seſerone, voulans bâtir une Ville
,, ſur cette Colline, par ordre de l'Oracle, & en
,, ayans jetté les fondemens, pluſieurs Corb. aux
,, leurs apparurent tout d'un coup étendans les
,, Aîles & couvrans tous les arbres prochains.
,, D'où *Momorus* ſçavant au métier des Augures,
,, nomma la Ville *Lugdunum :* parce qu'en leur
,, dialecte ils appellent un Corbeau *Lugum*, & un
,, lieu éminent *Dunum :* comme rapporte Clito-
,, phon, au 13. Livre *des Fondations des Villes.*

Nous avons fait une digreſſion aſſés longue,
au ſujet de l'etymologie de la Saône : mais c'eſt
toûjours dans le Pays de l'Antiquité, qui nous
eſt d'autant plus inconnu, qu'il eſt éloigné. Ré-
venons à celles que nous avons quitté, dont
nous pouvons nous inſtruire plus preciſément.

Il n'eſt pas juſte de ſortir de cette Egliſe, ſans
conſiderer ces grandes Colomnes qui ſont aux
quatre coins du Chœur. Quelques-uns tiennent qu'elles ſont reſtées des ruines du Temple
d'Auguſte : & la plus part aſſeurent qu'elles ſont
de pierre fondüe. La choſe mériteroit d'être
examinée : car pluſieurs font difficulté de croire,
qu'on ait anciennement eu ce ſecret de fondre

les

les pierres , & la grandeur de ces Colomnes qui
font tout d'une piéce , n'eſt pas une preuve
qu'elles ayent été faites par l'induſtrie de la fonte.
L'hiſtoire fournit des exemples de Colomnes
incomparablement plus grandes , dont pourtant
on ne s'eſt pas aviſé de dire qu'elles euſſent été
fondues , & pour voir des choſes ſurprenantes
ſur ce ſujet , il ne faut que lire Bellon , qui parle
des Obeliſques des anciens Egyptiens , qui ſub-
ſiſtent encor dans l'Egypte , & dont il y en a
d'une grandeur prodigieuſe , & quelques-uns
juſqu'a ſix vingt coudées de hauteur , d'une ſeule
piece.

  Dans le cloître d'Enay, il y a quelques Epitaphes de trois ou quatre ſiecles ; entr'autres celle
cy de marbre blanc dont la lettre n'eſt pas Gothique, mais approchante de celle qui eſt au pied de
l'Autel , principalement pour les C, qui ſont la
plus part quarrés.

Virgo Dei mater Stephani miſerere Boniti;
Qui iacet hic Monachi Venerabilis atque pe-
  riti.
Feſto namque tuo vita deceſſit ab iſta
Iſtius Eccleſia Cantor ſimul atque Sacriſta.

C'eſt l'Epitaphe d'vn Moyne de l'Abbaye d'E-
nay, appellé *Eſtienne Bonit* ; ſi ce n'eſt que *Boni-*
ti fut mis pour *Boni*:de peur que le vers ne man-
quât d'vn pied. Il étoit décedé vne Fête de Nôtre Dame, mais l'année ne nous eſt pas indiquée.

Ie la croy pourtant affés ancienne, du moins plus que celle-cy, qui eſt véritable lettre Gothique.

2

Decem ſolidos. Domini Abbatis.

Hic iacet Sofaredus D̄or quond. Sc̄i Benigni, qui dedit nobis X. S. cenſus It̄e Sofaredus de Fabricis Monachus huius Mon. de aſſenſu Do. Abb. acquiſiuit Conuentui duo aniuerſar. vnum de XX. S. annual. ſituatis ſuper turrim quā ip̄e ædificiauit iuſta magnam Portam huius Abbacie, & aliud de XXX. S. pro q̄o dedit Dc̄o Conuentui XXX. Flor. auri quæ aniuerſar. pro ſe & ſuis ſunt annis ſingulis per Conuentum perpetuo facienda.

Les deux ſuivantes ſont bien de lettre Romaine, mais un peu difforme & fort mal-aiſée à lire, parce qu'elles ne ſont pas bien conſervées.

3

Prbri Tumulus Rollanni continet artus ,
Cui multùm placuit quod Dominus voluit.
Curauit iuſtam dum vixit viuere vitam ,
Mundi ſpreuit opus quod renuit Dominus.
Cum leo iam nono ferueret lumine ſolis ,
Spiritus amiſit corporis officium
Eius pro requie lector Dominum bone poſce
Vt Paradiſi . . . . ſocius.

La quatriéme eſt enchaſſée dans le mur, de la Cour qui eſt deuant l'Egliſe.

Vmber

4

Vmbertus Sulimas quem lux à fine Decembris
  Sexta dedit fatis hac requiescit humo.
Lux eterna Deus cum sis colloces eius
  In Celis animam vt requiescat ibi.
Quisquis ades pietate fauens orare memento,
  Vt Dñs veniam det miseratus ei.
Virtus diuina sit ei salus & Medicina
  Virgo sanctaDei propitietur ei.

I'en reviens toûjours à l'antique, qui est plus
de mon goust, quand même il seroit tout fruste,
comme cette pierre qui est à l'entrée d'un logis,
joignant le Port ou l'on s'embarque pour Vienne, vers les chaines d'Enay.

.... CALFIDO A......

GALLO PACC..................

PROVINC. MACEDONIAE.....

...RIVIAE TIBVRTIN. VALER. LEG. LEG.

PROVINC. CRETE ET CYRENARVM LEG.

AQVITANIC. VII. VIRO EPVLON. SODALI H...

.....CIVITAS LEMOVIC.

Legato.

C'étoit une pierre que la Ville de Limoges, *Ciuitas Lemouicum*, avoit dediée à l'honneur de quelque Personne de qualité, qui avoit eu des emplois considérables dans les Provinces de Macedoine, de Crete & de Cyrene, & qui avoit aussi Gouverné la Province de Guyenne en qualité de Lieutenant pour l'Empereur, & qui possedoit de plus, la Charge d'un des sept Intendants du Banquet des Dieux, que les Latins appelloient *Septemviri Epulonum*. *Sodali H...* c'est si je ne me trompe, *Sodali Hadrianali*, qui étoit une sorte de Prêtres destinés au service de l'Empereur Hadrian.

CHAPITRE

CHAPITRE VIII.

Charité. Hoftel Dieu. Maifon de Ville.
Maifon de Monfieur Caze & de
Monfieur Mey.

LA *Charité* eft un edifice qui femble plutot un Palais, qu'un bâtiment deftiné à loger des Pauvres. Il y a neuf Cours & plufieurs chambres, où chacun eft rangé felon l'âge ou le fexe.

Quoy que la maifon ayt plus de fix vint mille livres de Rentes, cela ne fuffit pas, & il en coute toûjours aux Recteurs, quelque fomme qu'il leur faut avancer. Il ne s'en faut pas étonner, puis qu'il y a ordinairement 14 ou 15. cent Perfonnes à nourrir là dedans, fans conter cinq mille pains de trois livres piece qui fe diftribuent toutes les Dimanches, aux Pauvres de la Ville.

Ceux qui peuvent travailler font employés à la Soye, & les enfans treuvés font inftruicts à quelque métier, & en fuite on les marie & on les place dans la Ville.

Quand les Etrangers y vont, on leur fait voir tous les appartemens, les Greniers & les Moulins à foye, dont il y en a quatre qui fe meuvent par une machine ingenieufe d'une grand' roüe, qu'un homme fait tourner en marchant dedans.

Charité.

L 4 Les

Les jeunes Médecins doivent remarquer dans la Charité, & mêmes dans l'Hospital, plusieurs enfans attaqués du Scorbut, qui est une maladie aussi rare en France, qu'elle est commune dans les Pays Septentrionaux. Il n'y a que ces deux maisons dans Lyon, où l'on s'en apperçoive, & l'on a peine d'en treuver d'autre raison que l'air infect de cés lieux-là : car on en void aussi assés frequemment dans le grand Hôtel Dieu de Paris.

L'Hôpital n'est pas moins superbe : aussi n'a t'il gueres moins de revenus, & ils y ont pour l'ordinaire six ou sept cent Personnes, soit malades ou convalescens, Officiers de la maison ou enfans. Quand ceux-cy ont passé l'âge de sept-ans on les envoye à la Charité. Il y a un Livre de la Police de cét Hôtel Dieu, qui sert de modele aux autres de France, étant des mieux réglés.

Dans les bâtimens nouveaux qu'on a fait pour les Conualescens, à la ruë qui va vers le Rhône, on est allé engager proche les égouts de l'Hôpital, vne belle pierre, dont tous les bords de l'Inscription ont esté emportés, par les cizeaux du Masson : de sorte que les petites lettres que vous voyez des deux côtés, est ce qu'il y faut suppléer, comme elle étoit anciennement.

L·TAV

```
        l. T A V R I C I o
      f L O R E N T I   T A V Ricii
      t A V R I C I A N I   FILio
        V E N E T O
      ALLECTOARI  GAll.
      pATRON.  NAVTar
      aRARICORVM  &
      LIGERICORVM  ITEm
      ARECARRORVM  &
      pONDERATIVM...
      II. PROVINC. GALLiæ.
```

Lucius Tauricius Florens fils de Tauricius
Tauricianus étoit de Vennes en Bretagne, que
les anciens appelloient *Veneti* qui ont été selon
le sentiment de Strabon, les Fondateurs de Venise dans le Golfe Adriatique.

Nous auons dit ce que c'estoit qu'*Allector*
Galliar. & l'autre Charge d'Intendant des Batteliers du Rhône & de la Saône, & celuy-cy l'é-
toit encor des Batteliers de la Loire, & de quelques autres Pays, dont ie ne sçaurois determi-
ner la situation : car ie n'ay iamais veu allieurs
qu'icy, ces *Arecarri & Ponderates*, où quelques-
uns

uns ont leu moins correctement, *Arecairorum & Condeatium.*

Gruterus cite vne Inscription presque semblable dans la Guienne, de ce même Tauricius: ce qui est assés rare, & qui nous fait conjecturer que les deux Provinces par le soin desquelles ces deux pierres auoient été dressées étoient la Lyonnoise & l'Aquitanique, puisque l'une se treuvoit à Lyon & l'autre à Leitoure, *apud Lactoratenses,* qui étoit au cœur de l'Aquitaine.

La *Maison de Ville* est vn bâtiment fort magnifique, tout construit de pierre blanche, qui ne cede gueres en beauté au Marbre, si elle luy est beaucoup inférieure en dureté. Aussi l'on asûre qu'elle coûte plus de deux millions.

La grand' Salle, la montée & presque toute la maison est ornée des belles Peintures historiques de ces trois fameux Peintres Messieurs Panthot & Blanchet, & dont les ouvrages eterniseront leurs memoires, & des piéces de Sculpture de Monsieur Mimerel.

Dans l'vne des Chambres l'on void tous les Portraits des Preuosts des Marchands & Echevins, depuis leur établissement en l'an 1596.

La Chambre du Consulat est petite, mais fort riche & les autres Chambres sont ornées à proportion.

Le R. P. Menestrier a fait au long le détail de ce qu'il y a de beau dans cette Maison, & a particulierement décrit toutes les Inscriptions Consulaires, qui y sont, & presque toutes les autres

autres modernes qui font difperfées par toute
la Ville, ce qui me doit difpenfer de les copier.

Ie me contenteray de répeter apres la plufpart
de nos Autheurs, ces deux belles Tables de Fonte, qui furent treuvées à la côte S. Sebaftien l'an
1529. & que le foin du Confulat à fait enclaver
dans la muraille de la Salle des pas perdus :
Feu Monfieur Guignard étant Preuôt des Marchands.

Elles contiennent vne bonne partie de la Ha-
rangue que fit l'Empereur Claude au Senat Romain, pour obtenir que les Gaulois pûffent être
receus indifferement dans le Senat : auffi bien
que les Italiens, comme on avoit déja, *dit-il*, ac-
cordé cette faveur en particulier à ceux de Vienne & de Lyon. Et pour cét effet, il fe fert de
beaucoup de raifons, pour preuver que les Gaules pouvoient fournir d'auffi bons Senateurs à
Rome que l'Italie même, & dans toute la premiere Table, il infifte principalement à ce
que l'on ne fe formalifat pas de cette demande,
comme d'vne nouveauté ; qu'on ne s'étoit pas
plus mal treuvé des changemens qui étoient
arriués dans le gouuernement, dont il fait vn
détail depuis le temps de Romulus. Voicy tout
ce qui nous en eft refté ; car on void bien par le
fens & par ce qui eft effacé que ce n'eftoit pas là
le commencement. Nous l'expliquerons en fuite
en faveur de ceux qui pourroient avoir de la peine
à l'entendre.

PREMIERE

PREMIERE TABLE.

. . . . SI . . . .

EQVIDEM. PRIMAM. OMNIVM. ILLAM
COGITATIONEM. HOMINVM. QVAM.
MAXIME. PRIMAM. OCCVRSVRAM
MIHI PROVIDEO. DEPRECOR. NE
QVASI. NOVAM. ISTAM. REM. IN
TRODVCI. EXHORRESCATIS. SED .ILLA
POTIVS. COGITETIS. QVAM. MVLTA. IN
HAC. CIVITATE. NOVATA. SINT. ET
QVIDEM. STATIM. AB. ORIGINE. VR
BIS. NOSTRAE. IN. QVOD. FORMAS
STATVSQVE. RES. P. NOSTRA. DI
DVCTA. SIT.

QVONDAM. REGES. HANC. TENVERE
VRBEM. NEC. TAMEN. DOMESTICIS. SVCCES
SORIBVS. EAM. TRADERE. CONTIGIT. SV
PERVENERE. ALIENI. ET. QVIDAM. EXTER
NI. VT. NVMA. ROMVLO. SVCCESSERIT.
EX. SABINIS. VENIENS. VICINVS. QVI
DEM. SED. TVNC. EXTERNVS. VT
ANCO. MARCIO. PRISCVS. TARQVINIVS
PROPTER. TEMERATVM. SANGVINEM
QVOD. PATRE. DEMARATHO. CO
RINTHIO. NATVS. ERAT. ET. TARQVI-
NIENSI. MATRE. GENEROSA. SED. INOPI
VT. QVAE. TALI. MARITO. NECESSE

HABVERIT

HABVERIT. SVCCVMBERE. CVM. DOMI. RE
PELLERETVR. A. GERENDIS. HONORI
BVS. POSTQVAM. ROMAM. MIGRAVIT
REGNVM. ADEPTVS. EST. HVIC. QVOQVE
ET. FILIO. NEPOTIVE. EIVS. NAM. ET
HOC INTER. AVCTORES. DISCREPAT
INSERTVS. SERVIVS. TVLLIVS. SI. NOSTROS
SEQVIMVR. CAPTIVA. NATVS. OCRE
SIA. SI. TVSCOS. CAELI. QVONDAM. VI
VENNAE. SODALIS. FIDELISSIMVS. OM
NISQVE. EIVS. CASVS. COMES. POST
QVAM. VARIA. FORTVNA. EXACTVS
CVM. OMNIBVS. RELIQVIS. CAELIANI
EXERCITVS. ETRVRIA. EXCESSIT. MONTEM
CAELIVM. OCCVPAVIT. ET. A. DVCE. SVO
CAELIO. ITA. APPELLITATVS. MVTATOQVE
NOMINE. NAM. TVSCE. MASTARNA
EI. NOMEN. ERAT. ITA. APPELLATVS EST
VT. DIXI. ET. REGNVM. SVMMA. CVM REI
P. VTILITATE. OPTINVIT. DEINDE. POST
QVAM. TARQVINI. SVPERBI. MORES. IN
VISI. CIVITATI. NOSTRAE. ESSE. COEPERVNT
QVA. IPSIVS. QVA. FILIORVM. EIVS
NEMPE. PERTAESVM. EST. MENTES
REGNI. ET AD. CONSVLES. ANNVOS. MAGIS
TRATVS. ADMINISTRATIO. REI. P.
TRANSLATA. EST
QVID. NVNC. COMMEMOREM. DICTATV
RAE. HOC. IPSO. CONSVLARI. IMPE
RIVM. VALENTIVS. REPERTVM. APVD
MAIORES. NOSTROS. QVO. IN. AS
PERIORIBVS. BELLIS. AVT. IN. CIVILI
MOTV

MOTV. DIFFICILIORE. VTERENTVR
AVT. IN. AVXILIVM. PLEBIS. CREATOS
TRIBVNOS. PLEBEI. QVID. A. CONSV
LIBVS. AD. DECEMVIROS. TRANSLA
TVM. IMPERIVM. SOLVTOQVE. POSTEA
DECEMVIRALI. REGNO. AD. CONSVLES
RVRSVS. REDITVM. QVID. IM... V..
RIS. DISTRIBVTVM. CONSVLARE
IMPERIVM. TRIBVNOSQVE. MIL*itum*
CONSVLARI. IMPERIO. APPELLATOS. QVI
SENI. ET. SAEPE. OCTONI. CREAREN
TVR. QVID. COMMVNICATOS. POSTREMO
CVM. PLEBE. HONORES. NON. IMPERI
SOLVM. SED. SACERDOTIORVM. QVOQVE
IAM. SI. NARREM. BELLA. A. QVIBVS
COEPERINT. MAIORES. NOSTRI. ET QVO
PROCESSERIMVS. VEREOR. NE. NIMIO
INSOLENTIOR. ESSE. VIDEAR. ET. QVAE
SISSE. IACTATIONEM. GLORIAE. PRO
LATI. IMPERII. VLTRA. OCEANVM. SED
ILLOC. POTIVS. REVERTAR. CIVITATEM

SECONDE

LA DEVZIEME TABLE ENCHASSEE DANS LE MESME QVARRE'

....................................S A N E
.....DIVVS. AVG...... ET PATRVVS TI.
CAESAR. OMNEM. FLOREM. VBIQVE
COLONIARVM. A C. MVNICIPIORVM. BO
NORVM. SCILICET. VIRORVM. ET. LOCVPLE
TIVM. IN. HAC. CVRIA. ESSE. VOLVIT
QV. D. ERGO. NON. ITALICVS. SENATOR
PROVINCIALI. POTIOR. EST. IAM
VOBIS. CVM. HANC. PARTEM. CENSVRAE
MEAE. APPROBARE. COEPERO. QVID
DE. EA. RE. SENTIAM. REBVS. OSTENDAM
SED. NE. PROVINCIALES. QVIDEM
SI. MODO. ORNARE. CVRIAM
POTERINT. RECIPIENDOS. PVTO
ORNATISSIMA. ECCE. COLONIA. VALEN
TISSIMAQVE. VIENNENSIVM. QVAM
LONGO. IAM. TEMPORE. SENATORES
HVIC. CVRIAE. CONFERT. EX QVA. COLO
NIA. INTER. PAVCOS. EQVESTRIS. ORDINIS
ORNAMENTVM. L. VESTINVM. FA   *Lucium.*
MILIARISSIME. DILIGO. ET. HODIEQVE
IN. REBVS. MEIS. DETINEO. CVIVS. LIBE
RI. FRVANTVR. QVAESO. PRIMO. SACER
DOTIORVM. GRADV. POST MODO. CVM
ANNIS. PROMOTVRI. DIGNITATIS SVAE
INCREMENTA. VT. DIRVM. NOMEN. LA
                        TRONIS

TRONIS. TACEAM. ET. ODI. ILLVD. PALAES
TRICVM. PRODIGIVM. QVOD. ANTE. IN. DO
MVM. CONSVLATVM. INTVLIT. QVAM. COLO
NIA. SVA. SOLIDVM. CIVITATIS. ROMA
NAE. BENEFICIVM. CONSECVTA. EST. IDEM
DE. EIVS. FRATRE. POSSVM. DICERE
MISERABILI. QVIDEM. INDIGNISSIMO
QVE. HOC. CASV. VT. VOBIS. VTILIS
SENATOR. ESSE. NON. POSSIT

Liberi.

TEMPVS. EST. IAM. TI. CAESAR. GERMANICE
DETEGERE. TE. PATRIBVS. CONSCRIPTIS
QVO. TENDAT. ORATIO. TVA. IAM. ENIM
AD. EXTREMOS. FINES. GALLIAE. NAR
BONENSIS VENISTI
TOT. ECCE. INSIGNES. IVVENES. QVOT
INTVEOR. NON. MAGIS. SVNT. PAENITENDI
SENATORES. QVAM. PAENITET. PERSICVM
NOBILISSIMVM. VIRVM. AMI
CVM. MEVM. INTER. IMAGINES. MA
IORVM. SVORVM. ALLOBROGICI. NO
MEN. LEGERE. QVOD. SI. HAEC. ITA. ESSE
CONSENTITIS. QVID. VLTRA. DESIDERA
TIS. QVAM. VT. VOBIS. DIGITO. DEMONS
TREM. SOLVM. IPSVM. VLTRA. FINES
PROVINCIAE. NARBONENSIS. IAM. VOBIS
SENATORES. MITTERE. QVANDO
EX. LVGVDVNO. HABERE. NOS. NOSTRI
ORDINIS. VIROS. NON. PAENITET

Patres
Conscri-
pti.

TIMIDE. QVIDEM. P. C. EGRESSVS. AD
SVETOS. FAMILIARESQVE. VOBIS. PRO
VINCIARVM. TERMINOS. SVM. SED
DESTRICTE. IAM. COMATAE. GALLIAE
CAVSA

CAVSA. AGENDA. EST. IN. QVA. SI. QVIS
HOC. INTVETVR. QVOD. BELLO. PER. DE
CENNIVM. EXERCVERVNT. DIVOM
IVLIVM. IDEM. OPPONAT. CENTVM
ANNORVM. IMMOBILEM. FIDEM. OB
SEQVIVMQVE. MVLTIS. TREPIDIS. RE
BVS. NOSTRIS. PLVSQVAM. EXPERTVM
ILLI. PATRI. MEO. DRVSO. GERMANIAM
SVBIGENTI. TVTAM. QVIETE. SVA. SECV
RAMQVE. A. TERGO. PACEM. PRAES
TITERVNT. ET. QVIDEM. CVM. AD. CEN
SVS. NOVO. TVM. OPERE. ET. IN. ADSVE
TO. GALLIS. AD. BELLVM. AVOCA
TVS. ESSET. QVOD. OPVS. QVAM. AR
DVVM. SIT. NOBIS. NVNC. CVM. MAXI
ME. QVAMVIS. NIHIL. VLTRA. QVAM
VT. PVBLICE. NOTAE. SINT. FACVLTA
TES. NOSTRAE. EXQVIRATVR. NIMIS
MAGNO. EXPERIMENTO. COGNOSCIMVS

M

Ie n'ay pas pû mettre dans un petit Volume comme celuy-cy, les lignes de la grandeur qu'elles sont dans l'Original, mais tout ce que j'ay pû, c'est d'en faire deux d'une.

Il est à remarquer qu'il y a des points apres tous les mots, excepté quand ils finissent la ligne ou l'article, & que quand le mot finit par un O. le point est au milieu de la lettre, aussi bien qu'à quelques autres lettres, comme au D. & au Q.

Pour les petites lettres que j'ay fait mettre à la fin de quelques lignes de la premiere Table, & dans quelques autres Inscriptions, il ne faut pas s'imaginer qu'elles soyent de même aux Originaux, car les Romains ne se servoient que de la lettre que nous appellons Capitale Romaine : mais on les a mis de cette façon, pour exprimer celles qui sont effacées, & qu'on y avoit autrefois vû.

Il reste que nous les expliquions : ou plûtot de peur qu'on ne nous accuse d'y ajouter quelque chose, nous les traduirons presque de mot à mot, tout autant qu'il nous sera possible, en suivant le genie de nôtre Langue.

. . . .
. . . .

   Ie prévois bien à la vérité, que cette premiere pensée me sera d'abord opposée. Ie vous conjure neanmoins de n'en pas concevoir de l'aversion, comme d'une chose nouvelle : mais

de

" de confidérer plûtot combien de chofes ont
" été changées dans cette Ville,& en combien de
" formes & d'états différens a paffé le Gouver-
" nement de nôtre République.

" Du cómencement les Roys furent les maîtres
" de cette Ville, & fi pourtant ils ne purent pas
" avoir des fucceffeurs domeftiques. Il leur en
" fuccedoit qui étoient d'autre Famille, & quel-
" ques-uns étrangers : comme apres Romulus
" fucceda *Numa Pompilius*, venu des Sabins,
" qui bien qu'il fut voifin, ne laiffoit pas d'être
" étranger dans ce tems-là. De même que le
" Vieux *Tarquin*, qui regna apres *Ancus Mar-*
" *tius*, par l'occafion de la honte de fon Sang :
" car étant né d'un Pere Corinthien & d'une
" Mere de la Ville de Tarquinie, noble à la vé-
" rité, mais pauvre, & qui n'avoit pas de quoy
" foûtenir le même rang que fon Mary. Qui fut
" caufe que fon Fils *Tarquin*, étant rebuté parmy
" les fiens des Charges qu'il pourfuivoit, il fe re-
" tira à Rome, où il obtint en apres la Royauté.
" Entre ce *Tarquin* le Vieux, & celuy qui fut
" nommé le Superbe, qui étoit fon Fils, ou fon
" petit Fils ; car nos Autheurs n'en font pas d'a-
" cord, parut fur le Thrône *Servius Tullius* né
" d'une Efclave, nommée Ocrefia, fi nous en
" croyons nos Hiftoriens ; & fi nous fuiuons les
" Tofcans, fidelle Compagnon des avantures de
" *Cælius Viuenna*, lequel apres avoir combattu
" avec vne fortune différente, quitta l'Etrurie
" & occupa avec toutes les reftes de l'armée
" Cælienne, le mont *Cælius*, qui changea de là

M 2　　fon

„ son nom, de *Calius* son Commandant : car il
„ s'appelloit auparavant *Maftarna*, en langue
„ Tofcane : & ce fut alors qu'il s'empara du Ro-
„ yaume, qu'il gouverna avec une entiere fatis-
„ faction de l'E'tat. Enfin apres que les mœurs
„ de Tarquin le Superbe furent dévenus odieux
„ au Peuple Romain, foit à caufe de luy, ou à
„ caufe de fes Fils, on fe dégouta de la Monar-
„ chie, & la Magiftrature fut transferée à des
„ Confuls qui fe changeoient tous les ans.

„ Que diray-je maintenant de la Dictature, dont
„ le pouvoir étoit d'autant plus étendu, que
„ celuy des Confuls, qu'ils avoient à tafche de
„ terminer les guerres les plus cruelles, ou d'ap-
„ paifer la fureur de quelque mouvement civil.
„ Qui ne fçait apres cela, que le Gouvernement
„ paffa des Confuls aux Decemvirs, & que
„ l'autorité de ces dix hommes ayant été auffi
„ tôt abolie, on en revint aux Confuls. Qui
„ ignore en fuite, que la puiffance Confulaire
„ fut donnée aux . . . . & aux Tribuns
„ Militaires, qu'on elifoit au nombre de fix &
„ & fouvent de huit. Ne fcait-on pas enfin
„ que les honneurs du Gouvernement & du Sa-
„ cerdoce furent auffi communiqués au Peuple.

„ Que fi je voulois parler des guerres, par
„ lefquelles nos Anceftres ont commencé à
„ étendre leurs limites, & celles où nous avons
„ pouffé nos victoires, je craindrois de paroître
„ trop orgueilleux, comme fi j'avois voulu tirer
„ vanité de ce que nous avons porté nôtre Em-
„ pire au delà de l'Ocean. Mais je revien-
dray

,, dray plûtot dans nôtre Ville.

. . . . *2. Table.*

,,   Tibere mon-Oncle treuva à propos, que la
,, Fleur des personnes de probité , & des plus
,, riches, qui seroient dans les Colonies, & dans
,, les Villes Municipales fussent admis dans cette
,, Cour. Quoy donc, un Senateur né dans l'I-
,, talie n'a t'il pas quelque prérogative sur un
,, de la Province ? Ie ne fay pas difficulté d'en
,, convenir, & je témoigneray toujours effective-
,, ment dãs l'occasion, l'estime que j'en fais : mais
,, je ne croy pas qu'il faille pour cela rejetter
,, ceux qui seront nés dans les Provinces : s'ils
,, peuvent contribuer quelque chose à l'éclat de
,, cette Auguste Assemblée.
,,   Combien y a t'il de tems que la tres-Floris-
,, sante & tres-puissante Colonie de Vienne,
,, fournit des Senateurs à cette Cour. Et c'est
,, de là qu'est *Lucius Vestinus*, un des plus ac-
,, complis Chevaliers qui se puisse voir, que je
,, cheris tres-particulierement , & que je retiens
,, encor à mon service, pour mes affaires dome-
,, stiques ; dont je vous prie de faire joüir les
,, enfans du premier degré des Sacerdoces , afin
,, qu'ils puissent avec l'âge, s'avancer à des Char-
,, ges plus relevées. Au reste je ne veux pas faire
,, mention du nom odieux de cét infame , dont *Valerius*
,, j'ay en horreur les actions comiques, qui a in- *Asiati-*
,, troduit le Consulat dans sa maison, avant que *cus, de*
,, son Pays eut acquis solidement le droit de *quo Ta-*
,, Bourgeoisie Romaine. Ie peux dire la même *cit.*

M 3   chose

» chose de son Frere que cette miserable & fa-
» cheuse conjoncture a rendu inutile à la Char-
» ge de Senateur.

» Il est maintenant tems que ie découvre aux
» Peres Conscripts, à quoy aboutit ma Haran-
» gue : car ie suis déja arrivé aux extremités de
» la Gaule Narbonnoise. Voicy tant de brave
» jeunesse que ie considére, fait-elle plus de des-
» honneur à vostre Compagnie, que n'en fait le
» tiltre d'Allobrogique entre les portraits des
» Ancestres de Persicus, dont la Noblesse vous
» est connuë, & que ie tiens au nombre de mes
» Amis. Que si vous ne treuvés rien à dire à cela,
» que souhaités-vous de plus, si ce n'est que ie
» vous face voir sans replique, que vous en re-
» cevés des Pays plus éloignés que la Gaule
» Narbonoise : puis que nous tenons à hon-
» neur, que ceux de Lyon tiennent ce rang parmy
» nous.

» C'est avec quelque scrupule, Peres Con-
» scripts, que j'ay passé les bornes des Provinces
» que vous avés accoutumé & qui vous sont
» particulierement affectées : mais il me faut
» maintenant plaider la cause de la Gaule Celti-
» que ; dans laquelle si quelqu'un fait reflexion
» qu'ils ont fait dix-ans entiers la guerre à
» Iules-Cesar ; je leur opposeray en même
» tems la soumission & la Foy, qu'ils nous
» ont inviolablement gardée, pendant l'espace
» de cent années, dans les plus facheuses affai-
» res de l'Empire. Et mémes lors que mon Pere
» Drusus étoit occupé à dompter l'Allemagne,

Ou che-
velue.

ils

„ ils empêcherét que ri’en ne remua, & firent en
„ forte qu’il eut toujours derriere luy, un Pays
„ entierement paifible:quoy qu’en entreprenant
„ la Guerre, il eut été obligé d’exiger de nou-
„ veaux Impofts, aufquels les Gaulois n’étoient
„ point accoûtumés. Ce que nous ne connoif-
„ fons que trop maintenant, par nôtre propre
„ experience, être une chofe bien difficile; quoy
„ que l’on ne demande rien, que ce qui eft né-
„ ceffaire, pour faire paroître nôtre pouvoir &
„ nos richeffes.

Tacite remarque que l’arreft du Senat fuivit
bien tot apres, mais que cette grace ne fut pas
accordée à tous les Gaulois, comme à ceux de
Vienne & de Lyon, qui l’avoient obtenu depuis
long-tems, mais feulement à ceux d’Autun, ancienne Ville & alliée des Romains.

Il y a dans l’Original Latin quelques mots,
qui peuvent corriger ceux qui font dans les Livres : car ces noms propres *d’Ocrefia, Demara-
thus & Viuenna,* fe lifent ordinairement dans les
Autheurs, *Ocrifia, Damaratus & Vibenna.*

Dans la cour d’une maifon qui eft derriere le
jardin de l’Hôtel de Ville,il y a cette Infcription,
fur un grand Baffin de pierre.

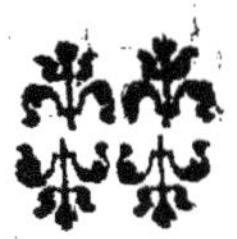

 C. SALVI

```
C. SALVI MERCVRI
IIIIII VIRI AVG. LVGVD.
IN SVO SIBI POSITVS
LIBERI SVPERSTITES P. C.
```

C'est le Tombeau d'un des Sextumvirs des Augures de Lyon, dressé par ses enfans survivans. *In suo sibi positus*, c'est comme je croy enterré dans son Fonds: mais je ne vois pas comment on pourroit sauver ces mots d'une faute de Grammaire : car il faudroit *positi*, & la même faute est à l'inscription de la pag. 143.

Avant que s'écarter de la Maison de Ville, on peut voir dans le jardin de Mr Mimerel, ces quatre Inscriptions sur des Marbres apportés de dehors, dont il n'y a que la premiere qui soit citée dans Gruterus.

D. M.

1

```
        D.              M.

    M.  L I C I N I O
  E V T Y C H E T I
  P A T R O N V S
  I N F E L I C I S S I
  M V S  F E C I T  Q V I
  V I X I T  A N N I S   X X X V
```

2

```
        D.              M.
    M.  L I C I N I O  F I
  L O N I   B E N E M E
  R E N T I  D E  S E  L I C I
  N I A  A R E T H V S A
  C O N L I B E R T O  S V O
  F E C I T   C V I   L O C V S
  E M P T V S  E S T  L O N G V M
  P.  V I.  L A T V M
      P.  I I I I
```

Passus.

La longueur du lieu acheté pour la sépulture
est marqué de six pas, & la largeur de quatre,

&

& dans la suiuante , elle est marquée d'une façon
differente qui revient tout à vn : asc. trois pas de
front , qui exprime la longueur & deux dans le
champ , qui denote la largeur.

3

```
     L V C C E I A
  Ɔ. L. E P I S T O L I O
  M. L V C C E I V S
  Ɔ. L. E V P R N O R
     L V C C E I A
       C O E N E
IN FRONTE P. III. IN AGRO P. II
```

*Caia
Libertai*

*Caia
Libertus.
Euphra-
nor.*

4

```
F L A V I A E   S Y N T I C E N I
T. F L A V I V S   T R E P T V S
C O N I V G I   F E C I T
     V. A. X X X V
```

*Vixit
annis.*

Ie ne dis rien pour les expliquer : puisqu'elles

les font fort aifées , & même qu'elles ont été apportées d'ailleurs , avec d'autres pieces de Marbre qu'on a tranfporté d'Italie en ce Pays.

Quoy que Lyon ne foit pas vne Ville qui fer-
ue de Refidence à quelque Prince , elle ne laiffe
pas d'avoir beaucoup de Maifons , qui femblent
des petits Palais : comme en Bellecour , celle de
Mr *Caze* , autrefois bâtie par Monfieur Ioue
Italien , & en effet perfonne ne difpute à cette
nation la gloire de s'entendre le mieux à l'Architecture & à la Peinture. Auffi l'on va voir
par curiofité , la maifon de Mr *Mey* , qui eft Italien d'origine. Elle eft fituée dans une tres-belle
veüe , à la montée des Capucins , & il y a dedans
vn nombre infinis de Tableaux & de Payfages,
de bons Maîtres.

Les Curieux ne feront pas fachés , que ie leur
donne vn deffein racourcy , d'vn grand Baffin
d'argent , qui eft vne piece vnique & d'une grande Antiquité , qu'il conferve dans fon Cabinet.
Il peze cinquante marcs , & à 30. pouces de
Diametre. On le treuva il y a quelques années
du côté d'Arles , en creufant proche du Rhône:
& fi ce n'eft que l'ombre du deffein fait paroître
plus de relief aux figures qu'elles n'ont , le refte
eft fort fidelle.

On pourroit l'appeller vn Médaillon fi les
Romains avoient accoutumé d'en faire d'une fi
prodigieufe grandeur , & s'il y avoit quelques figures au revers, n'y ayant qu'un fimple rebord ou
cordon relevé, ce qui fait douter à quoy cela peut
avoir feruy, car l'enfonçure legére qu'ó luy a donné

né en le racommodant, & qui le fait reſſembler à vn Baſſin, n'y étoit pas avant qu'il ſortit des mains du Pêcheur qui l'avoit treuvé.

L'Hiſtoire qu'il répreſente, eſt comme les Antiquaires en tombent d'accord, celle de Scipion l'Africain, qui ayant pris d'aſſaut la Ville de Carthage en Eſpagne, où il y avoit une tres-belle fille, fiancée à Indibilis, qui étoit d'une Maiſon illuſtre. Il la rendit à ſes parens & à ſon Epoux, ſans luy avoir fait aucune violence, & luy donna même en dotte, l'or qu'on luy avoit apporté pour ſa rançon. Ce qui luy acquit l'amitié des Eſpagnols, & ce qui a donné ſujet à Aulus Gellius de comparer cette action avec celle d'Alexandre le grand, qui ne voulut pas ſeulement voir S̶i̶f̶i̶g̶a̶m̶b̶i̶s̶ *Staßira* femme de Darius, qu'il tenoit captive & qu'il n'ignoroit pas être d'une beauté achevée.

Celuy qui eſt aſſis au milieu avec vne pique à la main eſt Scipion l'Africain, dont le menton paroit ſans barbe, auſſi bien qu'à trois Capitaines ou Officiers Romains, qui ſont aux côtés, & que le Caſque & l'habillement à la Romaine font aſſez connoître pour tels. Gellius remarque particuliérement en un autre endroit, que du tems de Scipion, les Romains avoient accoutumé de ſe raſer. Les Eſpagnols avoient vne mode contraire, & faiſoient gloire de leur barbe : de ſorte que ces quatre viſages à grand barbe qui aſſiſtent à cette action, ſont des Officiers Eſpagnols, ou des Parens des Fiancés.

La Fille paroit être conduite à regret devant
Scipion,

Scipion, apparemment parce qu'elle n'étoit pas encor informée de la génerofité de ce brave Romain , & Indibilis eft fans doute celuy qui eft par terre en qualité de fuppliant & d'affligé, dans les mêmes apprehenfions que fon accordée.

L'arc de Triomphe, les Tritons qui joüent du Cor, & les différentes armes qui font étenduës par terre, font des fymboles de la victoire, que Scipion venoit de remporter fur les Efpagnols.

Et comme fon chemin étoit en s'en retournant d'Efpagne en Italie par terre, de traverfer le Rhône auprès d'Arles, il y a bien de l'apparence, que cette piece fut alors égarée par là auprès, où elle a demeuré enterrée jufqu'a nôtre fiecle.

Avant que de finir nos Antiquités de Lyon, je me fens obligé de dire , que j'ay treuvé, depuis quelques jours , pendant l'Impreffion de ce Livre, fix Infcriptions antiques dont il y en a déja deux imprimées à la pag. 69. afc. celle de *Tiberius Claudius Peregrinus*, & celle de *Ti. Claudius Amandus*, qui étoient tous deux Sextumvirs des Augures de Lyon.

Mais il faut corriger felon l'Original, *Tib. Claudi & Claudia*, dans la premiere, au lieu de *Cladi & Cladia*, comme il étoit dans l'Impreffion de Paradin, & pour l'autre on n'en peut lire que quelques lettres , à caufe d'une muraille, derriere laquelle elle eft engagée. On les peut voir toutes deux dans la Cour de la maifon de Monfieur le Comte de Charmazel , à la place de Saint Iean.

Les

Les quatre suivantes ont été inconnuës à Paradin & à Gruterus, & la premiere est à une pierre de l'Eglise de S. Iean, au Iardin de Monsieur Saint-Olive Concierge de l'Archevesché, & de là on peut aller vers les autres trois, qui sont couchées aupres l'une de l'autre dans une E'cuirie de l'Archevesché.

<table>
<tr><td rowspan="2">*Viro*
Egregio</td><td>ATTIO ALCIMO</td><td rowspan="2"></td></tr>
<tr><td>V. E. PROC. FERRAR</td></tr>
<tr><td></td><td>A R V M</td><td></td></tr>
<tr><td></td><td>COGITATINIVS I...</td><td>*Iuvenis.*</td></tr>
<tr><td></td><td>VENIS B. F. LEG. LE...</td><td>*Benefi-*
ciarius
Legati.</td></tr>
<tr><td></td><td>. . . . .</td><td></td></tr>
<tr><td></td><td>. . . . .</td><td></td></tr>
</table>

Nous avons veu plusieurs Receveurs de Provinces en cette Ville, & je ne sçay si je ne me trompe point de prendre cét *Attius Alcimus,* pour un Receveur du Pays de Ferrare: car comment expliquer autrement *Procuratori Ferrararum.* Ie sçay bien que les Autheurs modernes appellent la Ville *Ferraria,* mais elle peut avoir eu anciennement la terminaison pluriele de *Ferraræ.*

D. M.

2

D.   M.

ET MEMORIAE AETERNAE
TITI VETTI DECIMINI VETE
RANI LEG. VIII IMMVNI
CONSVLARIS HOMINIS
OPTIMI ET VERECVNDISSIM.
ET PROBISSIMI
MERCVRIALIA CASATA
CONIVGI KARISSIMO CVM
QVO VIXIT ANNIS XXIII. DIEB.
XXV. ET DECIMINA FILIA
VIVAE PONENDVM CVRA
VERVNT ET SVB ASCIA DE
DICAVERVNT.

Titus Vettius Deciminus étoit Veteran de la
huitiême

huitiême Legion furnommée *Immunis*, qu'on ne
treuve pas dans d'autres Infcriptions. Il étoit de
Famille Confulaire, & fa femme *Mercurialia Ca-
fata*, luy donne icy libéralement beaucoup des
Eloges, qui font ordinaires dans d'autres Epitaphes.

Celle-cy & la fuivante, fe reffentent des incommodités de leur vieilleffe : car il n'en paroit
pas tout ce que nous fouhaitterions, le refte
ayant été brifé.

.S MANIB.

4

<table>
<tr><td></td><td>...S M A N I B.</td><td>*Diis*</td></tr>
<tr><td></td><td>..TI M. F. CLAMARC. L</td><td>*Minibus.*</td></tr>
<tr><td></td><td>...A R A A G R I P P.</td><td></td></tr>
<tr><td></td><td>MILITI C O H. XIII VRB.</td><td></td></tr>
<tr><td></td><td>H E R E D E S</td><td></td></tr>
<tr><td></td><td>PONENDVM CVRAVER.</td><td></td></tr>
</table>

Cologne étoit anciennement appellée, *Ciuitas Vbiorum*, la Ville des Vbiens, & Bonne qui est la résidence de l'Electeur de Cologne, se nommoit *Ara Vbiorum*. Mais comme Cologne changea de nom, & qu'on l'appelat en suitte *Colonia Agrippina*, il peut être que Bonne en prit aussi un semblable & fût nommée *Ara Agrippina*, d'où le soldat pour qui cette inscription a été faite étoit natif : & pour confirmer cette pensée, je treuve que Suétone rapporte de Pline second, *in Treueris vico Ambiatino supra Confluentes*, *aras ibi ostendi inscriptas* OB AGRIPPINAE PVERPERIVM : qu'au Pays-de Treves dans un Bourg au dessus de Coblents, on montre des Autels avec une Inscription qui parle de l'accouchement
d'Agrippine.

Suet in Caligul. Cap. 8.

N

d'Agrippine. Ce qui auroit donné lieu à ce changement de nom.

Il y a apparence que cette XIII. Compagnie furnommée *Vrbana*, a hyverné quelque-tems icy, car cette Inscription n'est pas la seule qui nous face voir, que des soldats de cette compagnie y étoient morts.

En voicy trois autres des Soldats & Officiers de cette Cohorte, dont la premiere subsiste encor à une maison de Campagne qui n'est *pas éloignée de la Guillotiere* : appellée la Ferrandiere, & les autres deux se sont autrefois vûes icy : mais je ne sçay ce qu'elles sont devenues.

1

2

D. M. Sexto Coffutio sex Fil. Quirin. Primo Emerito

Emerito ex Coh. XIII Vrb. T. Silius Hospes Signi-
fer Coh. eiusdem Amico posuit.

3

D. M. Sexti Flaui Successi Signif. Coh. XIII Vrb.
C. Egnatius Bassus Amico Optimo.

Ce seroit une témerité de vouloir épuiser dans
un petit Volume comme celuy-cy, & dans peu
de tems, toutes nos Antiques de Lyon. S'il y en
a d'enseuelies, on en deterrera d'autres, ou l'on
en remarquera, auxquelles on n'auoit pas pris
garde : & j'espere que les Curieux m'en feront
part.

Monsieur Béchet Maître Sellier amateur de
l'Antiquité, sçachant mon dessein m'en a indiqué
quelques-unes, entr'autres cette petite dans la-
rüe de la Vacherie auprés du logis du Faisan, engagée presque à hanteur du premier étage dans
la maison où demeure Monsieur Seve Intendant
de la Doüane.

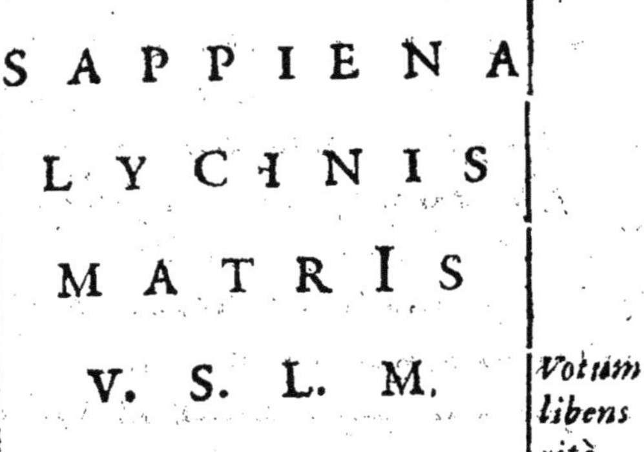

C'eſt un vœu rendu par *Sappiena Lychnis*, à ces Meres ou Nymphes dont nous avons parlé à la page 88. Ce charactere ꓶ eſt autant qu'une H dans les Inſcriptions : & nous en avons déja un ſemblable à celle de *Sextus Ligurius*.

Superiùs pag 25.

CHAPITRE IX.

Dehors de Lyon & Maiſons de Plaiſance.

IL y a des beaux bâtimens aupres de Lyon, que les Curieux peuvent aller voir, s'ils ſejournent long-tems en cette Ville.

Hors la Porte de Veze eſt une maiſon de Plaiſance qu'on appelle la *Claire*, qui conſerve encor quelques reſtes de ſon ancienne beauté.

Les Itineraires étrangers parlent de la Grotte qui eſt à la Cour, mais qu'on a tout-a-fait negligé gée : quoy qu'elle ait autrefois merité cette Inscription, qu'un certain Monsieur le *Clair* dont la Claire a pris le nom, avoit fait mettre.

Hac ornans clara Claram Clariſſimus vndâ,
Cunčta fecit Clarus quo ſua clara forent.

La *Duchere* qui appartient préſentement à Mr Guetton Baron de Vaux, n'eſt pas loin de-là, ſur une petite Colline. Il y a un fort beau Bois & une allée de Tillots à perte de veüe, dont la beauté ſeroit capable de faire aimer la vie Champêtre, ſans qu'on eut pris la peine d'ajouter ce dicton ſur ſon entrée.

Rure tibi vivas, aliis dum vixeris Vrbi.

Neufville eſt une ancienne petite Ville ſur la Saône à deux lieües de Lyon, appellée autrefois Vimy, & en Latin *Viminatium*, bâtie par l'Empereur Probus en mémoire d'une Ville de ce nom qui étoit dans la Myſie Superieure, & il appella la montagne qui eſt vis-a-vis le *mont-d'or*, d'une autre qui avoit le même nom dans ſon Pays : car il étoit ſorty de ces quartiers là.

Monſieur l'Archevêque rend maintenant ce lieu Illuſtre par les fabriques de l'Acier, des Bas de Soye & autres manufactures qu'il y établit, & par le ſejour qu'il y fait dans ſa Maiſon de Plaiſance.

Le Parc eſt fort étendu & renferme une quantité prodigieuſe de Cerfs. Dans le milieu il y a un Etang fort agreable, où l'on void en tous tems nager une troupe de Cygnes. Dans le jardin qui eſt fort propre & bien entretenu, il y a une fort belle Treille de fer, & des Grottes de Coquillage. Les Ecuiries où il y a une centaine de beaux Chevaux de chasse & de main, meritent d'ètre veües, aussi bien que la mûte qui est une des belles de France.

Dans la Paroisse de Sainte Foy il y a la maison de Monsieur *Artaud*, qui paroit en descendant sur le Rhône, & celle de Monsieur *Messier*, qui a de fort belles Cascades, & jets d'eau.

Auprès de S. Genis est la maison de Monsieur de *Physica*, appellée Beauregard, qui passe pour tres-belle.

Celle de Monsieur *Vidaud de la Tour*, est aux portes de S. Genis.

Celles de Monsieur de *Longchesne* & de Monsieur *Thomé* sont encor de ces quartiers là.

Du côté de la Guillotiere, il y a *Champagneu*, maison de Plaisance de Monsieur de S Maurice, qu'il a rendu belle malgré la sterilité du terroir.

La *Ferrandiere* étoit autrefois de ce nombre : mais je n'y treuve maintenant de curieux, que deux Inscriptions Romaines, dont l'une à déja été citée au Chapitre precedent, & l'autre est un grand tombeau de pierre, creusé & separé en deux pour contenir les corps de *Q. Iulius Hylas*, & de *Lanine Galatie* sa femme, Grecque de nation.

```
|  ________________________________________  |
| |                                        | |
| | -------------------------------------- | |
| |                                        | |
|  ----------------------------------------  |
```

ET MEMORIAE AETERNAE LANINAE GA

LATIAE N. GRAEC.FEMIN.SANCTISSIMAE

QVAE VIXIT ANNIS XXX SINE VLLA ANI

MI LAESIONE Q. IVLIVS HYLAS CONIVGI

PIISSIMAE QVEM TVMVLVM DVPLICEM

POSVIT ET SIBI VIVVS POSTERISQ. SVIS

ET SVB ASCIA DEDICAVIT

D   M

L'*Isle Barbe* à demy lieüe de Lyon sur Saône, dont l'Histoire a été décrite par Monsieur le Laboureur, sous le tiltre de *Mazures de l'Isle Barbe*, est un ancien lieu, qu'on appelloit autrefois *Insula Barbara*. Quelques-uns croyent sans fondement que Lyon y fut rebâty, apres avoir été ruiné par Severe. Voicy quelques Inscriptions qui s'y lisent encor.

     D.M.

D.   M.

E T MEMORIAE

AETERNAE   C. ANNI

FLAVIANI VET. EX LEG. XXX

A N N I V S RESPECTVS ET IVLIA

RESTITVTA FILIVS ET CONIVX QVAE

V I . . . .

Aux deux côtés de cette pierre, qui est enclavée dans un mur de la Cour qui est devant l'Eglise de S. Martin & S. Loup, il y a la réprésentation des 4. Saisons en bas relief. Le Printemps tient une corbeille de Fleurs, L'Eté une d'épics. L'Automne montre ses raisins, & l'Hyver tient un Liévre à la main, & a un voile par dessus la teste : de la maniere qu'elles sont réprésentées dans les Médailles antiques.

Au pied de l'Autel d'une Chapelle qui est dessous l'Eglise S. Martin se void la mo tié de l'Inscription que nous auons marquée cy dessus à la pag. 101.

. . QVIETI

...QVIETI AETERNAE C. VICTORI

...VRICI SIVE QVIGVRONIS CIVIS LVG.

...ORPORATO INTER VTRICLAR.LVG.CONS.

...I VIXIT SINE VLLA...

Fortè Biturici

M
Incorporato inter Vtriclarios Lugdunenses.

A la Chapelle S. André qui est à l'extremité de l'Isle , cette Inscription moderne , assûre que l'Epitaphe de S Longin , qui perça le coté de N. S. y a été treuvée.

EPITAPHIVM SCRIPTVM SVPER CAPVT

FIGVRÆ LONGINI EXISTENTIS IN

INTROITV SINISTRÆ PARTIS CAPELLÆ

S ANDREÆ.

QVI SALVATORIS LATVS IN CRVCE

CVSPIDE FIXIT

LONGINVS HIC IACET.

Ioignant l'Eglise du Bourg de l'Isle , cette pierre reçoit le tuyau d'une Fontaine , dont l'eau petrifiée a couvert beaucoup de lettres.

ET

```
        ET  QVIETI  AETERNAE  M.

        AVLINI  ANTIINI  VET.

    D   LEG.  XXXV  PVDIC.  TITIAE   M

        PRIVATAE  CONIVGI  EIVS

        VIVI  SIBI  ET  POSTERISQVE

        SVIS  PONENDVM  CVRAVER.

        ET  SVB  ASCIA  DEDICAVER
```

Paradin Antoni. legionis 35.Pudi. &c.

C'eſt l'Epitaphe d'un Veteran de la trente-
cinquiéme legion ſurnommée Pudique, qui ſert
auſſi pour ſa Femme *Titia Priuata* & pour ſes
deſcendans.

S.Saſto-rin.

Si l'on paſſe à *S. Saflorin* ſur le chemin de
Vienne, il y a chez un particulier un Horloge de
Bois, fait à l'imitation de celuy de S. Iean, qui
merite d'être vû.

Vienne.

La Ville de Vienne eſt ordinairement viſitée
par les Etrangers, qui font quelque ſéjour à
Lyon: Elle eſt plus ancienne que celle-cy: car les
premiers habitans de Lyon, ont été comme nous
avons dit, les Viennois chaſſés de Vienne par les
Allobroges : qui fut la cauſe des inimitiés qui furent entre ces deux Villes ſous les premiers Ceſars.

Elle n'eſt qu'a cinq lieües d'icy, & il y a tous les
jours des Batteaux, qui partent apres midi,
pour y deſcendre.

Le

Le Livre des Antiquités de Vienne vous apprendra tout ce qu'il y a de curieux, excepté peu de chofe qui s'eft treuvé depuis fon Impreffion. Les deux Infcriptions fuivantes y ont été deterrées depuis quelques années.

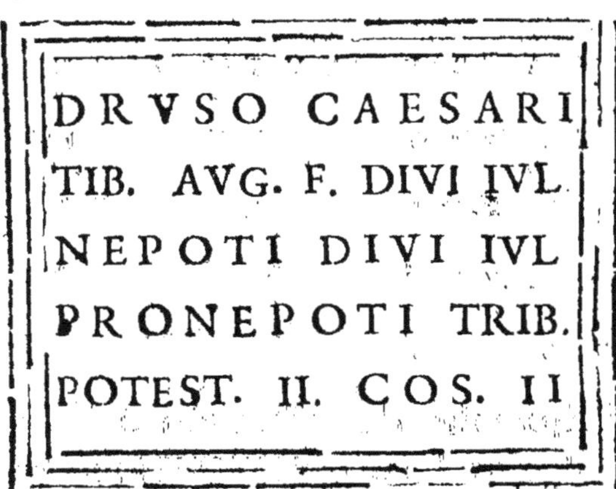

Elle eft dans la Cour des Religieufes de Saint André le Haut : & c'eft vn monument confacré à la mémoire de Drufus, fils de Tibere, petit fils d'Augufte & arriere fils de Iules : dans le tems peut-être qu'il paffoit à Vienne, pour aller en Allemagne appaifer la fedition des Armées: car il *Tacite.* étoit alors Conful pour la 2. fois.

En voicy vne Chrêtiane qu'on y a découvert tout nouvellement.

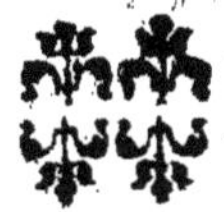

```
IN HOC TVMVLO CONDITVR BONÆ
MEMORIÆ SEVERIANVS QVI RELIGIONEM
DEVOTA MENTE SVSCEPIT SIC QVEM
ANIMA AD AVTHOREM DM
REMEANTE TERRENA MEMBRA
TERRIS RELIQVIT EXACTIS VITÆ
ANNIS XXXII OBIIT PRIDIE IDVS
AVGVSTAS RESVRGIT IN XPO DMO
NOSTRO POST CONSVLATO LONGINI
BIS ET FAVSTI.
```

L'Epitaphe de ce Proselyte est des premieres
que l'on trouve des Chrêtiens : puisque Longi-
nus étoit Consul pour la seconde fois avec Fau-
stus, l'an de Rome 1241. qui répond à l'année
de N. S. 490. Sidonius Apollinaris parle d'vn
Orateur de son tems, nommé Seuerianus, qui
peut être celuy-cy : du moins cela s'accorde
avec la Chronologie, & il n'y a point de doute
que Sidonius Apollinaris ayant demeuré long-
tems à Lyon, n'eut fait beaucoup de connoissan-
ces à Vienne.

Cette petite Inscription est à Sainte Colombe.

Q. MALLO

Q. M A L L O
N I V S
B A T H Y L L V S
V I V O S S I B I

Monsieur de Foissy chez qui vous la verrés, est vn Gentilhomme de ce Pays-là , qui possede beaucoup d'Antiquités , Vrnes , Statues & Médailles , qu'on treuue continuellement dans tout le territoire de Vienne.

Monsieur de Triviau l'ainé Aduocat au Presidial possede bien aussi les Antiquités de sa Patrie. Il a mêmes quelques Médailles & vne Inscription antique , dans un bien de Campagne appellé la Recluserie.

Les Etrangers qui auront du loisir de reste, seront bié aises d'aller voir à une journée d'icy, la belle Eglise de Bourg en Bresse , que les Ducs de Savoye ont fait bâtir , où le Marbre n'est pas épargné , & où sont les Mausolées de plusieurs de ces Princes. *Eglise de Bourg.*

CHAPITRE

CHAPITRE X.

Curieux de Lyon.

QVoy que Lyon soit plûtot vne Ville desti-née au negoce, qu'au plaisir ; il ne laisse pas d'y avoir beaucoup de Personnes qui se divertissent à quelque sorte de curiosité.

Il y a quantité de Curieux de Fleurs, entr'autres Mr *Philibert* fils de l'Exconsul, qui a vn jardin à la Côte.

Mr *Grabuzat* en Bellecour, Fleurs & ouvrages de Tour.

Mr *Gasp. Benoist* à la montée des Carmelites.

Mr *Bertier*, Fleurs, Entes, & autres raretés, proche les Chartreux.

Mr *Galand* Conseiller au Presidial, Plantes de Medecine & Fleurs rares.

Mr *Guillemin* Maître Apothicaire, a un joly jardin de simples.

Mr *Henry Moze* qui est aussi Maître Apothicaire, Livres de Plantes séches & autres curiosités naturelles ; où il est bien connoissant.

Mr *Carie* au bas de Gourguillon a un Cabinet de Coquillages, & une tête Colossique de Marbre d'Antonin pie, treuvée à Lyon.

Pour les Tableaux, outre ceux que j'ay nommé aux Iacobins, & aux Carmes Déchaussés, il y a plusieurs particuliers qui en sont curieux.

Mr de la *Fourcade* E'chevin en a de tres-beaux & de grand prix du Poussain, & d'autres Excellens Peintres.

Mr

Mr *Mascrany* , Mr *le Mague* , Mr. *Bey* , Mr *Renon* , Mr *Mazenot* , & Mr *Dervieu* en ont aussi de fort beaux.

Mr *Cibut* , Desseins & Estampes tres-belles.

Le *Dom Prieur* des Chartreux, Estampes.

Quand ie ne dirois mot du Cabinet de Mr de *Servieres* , la renommée le fait assés apprendre aux Etrangers : & l'empressement qu'ils témoignent tous à le voir , est une preuve de l'estime qu'ils en font. On y void plusieurs sortes de Montres surprenantes , des Ouvrages de Tour tres-delicats , & des Machines de guerre fort singuliéres ; enfin presque tout ce que peut faire la Mathematique Mécanique.

Mr de *Pianelle* le Thresorier demeurant en Bellecour , a un Cabinet de Monnoyes & Médailles d'or modernes & quelques unes d'antiques.

Mr *Dufaure* Receveur de la ville , proche de chez Mr l'Archevêque, Tableaux, Estampes, Médailles antiques & modernes.

Mr *Paleron* à la Côte , Médailles d'Angleterre & de Vvarin.

Mr *Silvestre Dufour*, proche le pont de Bois en rüe de Flandres. Raretés du Levant , piéces de Tour, Medailles antiques d'or & d'argent.

Le R.P. *La Chaize*, Recteur aux grands Iesuites. Medailles Antiques & modernes en tous métaux , curiosités des Indes, &c.

Le R.P. *Compain* de la même Compagnie à la maison de S. Ioseph a aussi un Cabinet de medailles & autres antiques , dont il a été curieux

depuis

depuis long-tems. Ie luy ay l'obligation de beaucoup d'Infcriptions , dont il m'a averty.

Mr *Carrige* vers le Puy de la fel , Statuës de bronze , medailles &c.

Mr *Charles Spon* , chez M. Cabrier , proche la Mort qui trompe , medailles antiques.

Mr *Chancel* Orfevre , Statues de bronze antiques & modernes.

Mr *Bombourg* Horlogeur , prés de la Doüane , medailles antiques.

Mr *Alexandre Colbenfchlag* rüe de Flandres proche S. Paul , Tableaux , Eftampes , Gravûres & médailles.

Il eft bien jufte que je fois auffi un peu curieux : puis que je connois prefque tous ceux de Lyon , qui le font : & l'on fçait que cette maladie eft contagieufe , quoy qu'elle ne foit pas mortelle.

Explication d'un Talifman d'or tréuvé dans Lyon.

IL y a quelques années qu'un Páyfan treuva auprès de S. Irenée une grande piece d'or enchaffée entre deux pierres de Taille , qu'il vendit à un Orfevre pour 40. Louys d'or : car elle étoit fort groffe & avoit environ fept pouces de Diametre. Elle fut vendue enfuite à un Etranger foixante Louys , & du depuis l'on ne fçait ce qu'elle eft devenüe. Madame de Bais a temoigné l'avoir vûe entre les mains , de M. de Liergues , qui ne la voulut

pas acheter. Cependant quelques particuliers
eurent le foin, pendant quelle étoit chez l'Orfevre de la faire deffeigner : mais l'on ne treuvoit
perfonne à Lyon pour l'expliquer. Le R. Pere
Compain qui en avoit une copie, l'enuoya
au Pere Kircher, qui eft fi connu par fes fçavans
écrits, & il en receut l'explication comme vous
verrés dans la lettre fuivante, qui m'a été com-
muniquée avec le deffein que j'ay fait faire en
raccourci,& que j'av eu du même P. Compain à
qui vous en aurés l'obligation.

J'ay

Reverend Pere en Christ.

I'Ay reçeu fidellement de vôtre part, le deſſein de la Médaille d'or treuvée depuis peu dans un Fauxbourg de Lyon, de laquelle V. R. me demande l'explication. Et comme je ne luy peux rien refuſer en conſidération de l'ancienne habitude que nous avons autrefois contractée enſemble à Avignon, je m'y ſuis incontinent diſpoſé. Et premierement ayant confronté à mon accoutumée ces Characteres avec ceux des autres Langues, & examiné juſqu'aux moindres traits de chaque lettre, j'ay reconnu qu'ils ne ſont, ni Arabes, ni Egyptiens, ni Indiens ; mais qu'ils ont été tirés de l'Echole Magique des anciens Brachmanes ou Gymnoſophiſtes, deſquels Characteres les Egyptiens, Arabes & Cabaliſtes ſe ſont ſervy juſqu'a preſent. Ce que j'ay traitté au long, dans mon *OEdipe Ægyptien*, où leur forme eſt gravée en differens endroits : de ſorte qu'il me ſera aiſé, d'en donner les lumieres que vous ſouhaittés. Ie dis donc que cette Medaille ne repréſente point le viſage de quelque Roy ou Prince Etranger, & que ces lettres 8ƺ2 ne ſignifient pas, comme V. R. avoit penſé, l'année en laquelle elle a été gravée : mais que c'eſt une empreinte Magique, dont les lettres ſont en partie Latines, en partie Arabes : quelques-unes mêmes repreſentent à deſſein des Cercles celeſtes, ou des figures de Serpent & de Scorpion, ſelon l'intention des Magiciens. Cette piece eſt donc de celles que les Arabes appellent *Teleſmat* : les Grecs ςοιχεῖα ου ἀποτελέσματα : les Chaldées

Thalmanaia : les Latins & les François *Talifmans*
Et l'on étoit dans cette opinion que ces Gravûres
étans mifes en certains lieux , & faites fous certaines conftellations , prefervoient les Villes &
les lieux où elles étoient mifes des maux qui
leur euffent pû arriver. Que celle cy foit de cette
efpece, l'ecriture Magique en eft une preuve ma-
nifefte : car elle contient les noms des quatre Genies ou Démons Solaires , que les Magiciens
croyent préfider aux influences du Soleil , dans
les quatre coins du Monde , & les noms qu'ils
leur donnent font *Eaphiel* , *Thardiel* , *Hageafte-
te Iohoin* , & *Raphaël.* Ils ont accoutumé de les
conjurer, comme des divinités qui detourneront
d'eux les malheurs , & qui leur attireront toute
forte de bon-heur par ces Talifmans. Et parce
qu'ils ne pouvoient produire aucun effet s'ils n'é-
toient gravés fous certain Planete afcendant, de là
vient qu'ils le faifoient fur un Metal qui eut de
l'analogie avec le Planete, avec le nom des Efprits
qui luy prefidoient. Et parce que la fuperftition
faifoit craindre, qu'avec le tems ils ne fouffriffent
quelque corruption , comme il arrive au bronze
& à la pierre, & que les effets ne vinffent à man-
quer , les efprits ceffans d'y être prefens , par la
roüille ou le brifement de quelque partie ; c'eft
pourquoy ils les gravoient, ou fur l'or qui eft in-
corruptible , ou fur des pierres dures & precieufes , ou fur un metal fort épais , comme V. R.
m'affûre qu'eft celuy de vôtre Talifman. Or que
celuy-cy foit confacré au Soleil outre l'analogie
de l'or & les noms des Efprits Solaires qui y font

exprimés , ce Charactere femblable à un ☉ atta-
ché au nom de Thardiel nous l'enfeigne auffi :
parce que cela marque qu'il a été frappé le Di-
manche , qui eft le jour du Soleil , à la premiere
heure du jour que les Efprits folaires ont plus de
vertu. Il eft tems que nous déclarions ce que
veut dire cette tefte humaine.Il faut donc fçavoir
que les Magiciens y mettoient des différentes figures , felon leurs diuerfes intentions. Ainfi fi
c'étoit pour preferver des Scorpions ou des Ser-
pens , ils y imprimoient leurs figures , avec le
Charactere où côfiftoit le paét:comme Cedrenus
rapporte d'Appollonius Tyaneus,& j'en montre
aux Etrangers qui me viennent voir.Gregoire de
Tours témoigne que de fon tems en refaifant les
Ponts de Paris,on treuva fur une lame de Plomb,
les figures d'un Serpent , d'une Souris & d'une
Flame , qui garantiffoit la Ville de ces maux ; &
qu'ayant été rompue par ceux qui la treuverent,
on fut fujet aux mêmes accidens. Ie treuve auffi
que les Egyptiens bridoient la fureur des Croco-
diles en gravants leur portraits fur des pierres.Et
Tzetzes affûre , que dans une Contagion d'An-
tioche, un Magicien ayant fait un Talifman avec
le Vifage de Charon , & l'ayant appliqué à la
porte de la Ville , la Pefte ceffa d'abord. On
void auffi dans plufieurs Talifmans Egyptiens
des teftes d'Horus , d'Ifis & de Serapis , qu'ils
faifoient graver , pour fe procurer leur fauve-
garde.

Dans celuy-cy nous y voyons une Tefte hu-
maine liée d'une bande, par laquelle ils reprefen-
tent

tent myſtérieuſement la puiſſance que s'atribue la
Magie de lier les malheurs: & premierement cóme
il eſt d'un métal de nature Solaire, par une com-
paraiſon du Soleil aux Roys & aux Princes, ils
pretendoient lier & enchanter leurs Eſprits,
pour obtenir tout ce qu'ils ſouhaitteroient. Au
contraire ils croyoient de pouvoir arréter la rage
& la mediſance des envieux, marquées par les
dents qui paroiſſent. De plus ce Symbole des
Dents, devoit ſignifier qu'il preſerveroit des mor-
ſures venimeuſes & du mal de Dents: & qu'il ſer-
viroit contre les maladies de la teſte & des yeux,
comme l'aveuglement, ce qui eſt marqué par les
yeux Louches. Enfin ils ſe perſuadoient que ce
ſeroit un preſervatif infaillible, contre la ſterilité
& l'impuiſſance, deſignées par le menton ſans
barbe. Et tant plus que leur figure avoit de
Myſteres tirés d'une reſſemblance Sympathique:
tant plus eſtimoient-ils qu'elle auroit de vertu
pour obtenir ce qu'il demandoient. Ce qu'ayant
traitté au long dans mon *Oedipe Egyptien*, j'y
renvoye V. R. On a auſſi imprimé en France un
Livre intulé *Curioſités inoüyes*, par Mr Gaffarel,
qui attribue fauſſement les effets de ces Taliſ-
mans aux influences naturelles des Aſtres. A Dieu
mon Pere. Ie ſuis de V. R.

Serviteur Indigne
Athanaſe Kircher.

Rome 19. Novemb. 1666.

IL s'excusa par une autre lettre de n'avoir pas expliqué les Charaſteres en particulier, parce qu'il luy étoit defendu par la Chambre du S. Office, de peur qu'il ne ſéblat enſeigner la Magie. Au reſte; ie remarque que s'il devoit preſerver la Ville du mal de Dents, il étoit de grande vtilité: car il y a peu de lieux au Monde, où l'on y ſoit plus ſujet qu'on y eſt à Lyon preſentement.

* * *

POVR ne pas obliger a demy ceux qui ayment la curioſité & l'antiquité, à l'imitation de Mr Borel qui a écrit les Antiquités de Caſtres, ie donneray un mémoire, des Antiquaires & Curieux qui ſont venus à ma connoiſſance : ſoit pour les avoir vûs, où pour le ſçavoir des amis qui me les ont communiqué. Ie dois entr'autres celuy de Paris à Mr Vaillant Docteur Med. & Antiquaire du Roy, qui m'en a gratfié.

NOMS DES CVRIEVX DE PARIS
avec leur demeure & la qualité de leur curioſité.

MONSIEVR *L'Abbé Charles*, poſſede Inſtrumens de toutes ſortes, ſur le Quay de l'Ecôle.

M

M^r *L'Abbé de Marolles*, Fauxbourg S. Germain, Eſtampes & Livres rares.

M^r *d'Aguerres*, rüe Geoffroy l'Aſnier, Tableaux anciens & modernes.

M^r le Duc *d'Aumont*, rüe Vivien, Tableaux.

Mr *Baleſdens*, rüe S. Iaques, curioſités de toutes ſortes.

M^r de *Bernage*, pres la monnoye, Tableaux anciens & modernes.

Mr *Bizot*, pres les Carmes, Curioſités de toutes ſortes, & particulierement Medailles modernes.

M^r de *Blois*, Sécretaire de l'Ambaſſade à la Porte, Medailles, Tableaux, & Couteaux de Turquie.

M^r le Preſident de *Bretonvilliers*, tres-beaux Tableaux & Eſtampes.

Mr *Butin*, Tableaux & Agathes.

M^r de *Carcavy*, rüe Richelieu, Intendant du Cabinet du Roy, où les plus belles Medailles, qui ſoient au monde ſont à voir, avec les Eſtampes de Mr de Villeloin; les Plantes & Animaux gravés apres le naturel, de feu M^r le Duc d'Orleans; des Chambres entieres de Manuſcripts Grecs & Latins: ce qui fut treuvé dans le Tombeau de Chilperic, &c.

Mr *Ceriſiers*, vis-a-vis S. Mederic Tableaux du Pouſſain.

M^r de *Chanteloup*, rüe S. Thomas du Louvre, tres beaux Tableaux du Pouſſain & autres.

M^r le *Cointe*, rüe S. Honoré, Medailles Tableaux Agathes & Bronzes.

M^r

Mr de *Colbert*, Controlleur General des Finances, rüe des petits champs, belle Biblioteque, Medailles antiques & modernes.

Mr le *Commandeur de Gotz*, au bout de la rüe des petits champs, Tableaux Médailles modernes & curiofités de toute forte.

Mr *Cordeaux*, fur le quay de la Tournelle, Tableaux, Medailles, & Livres rares.

Le R. P. *Coffard* Iefuite, au College de Clermont, Medailles antques.

M de *Creil*, rüe de Montmorancy, Tableaux anciens & modernes, Porcelaines, Statues de Bronze, Medailles antiques & modernes.

M le Duc de *Crequy*, Tableaux anciens & modernes,

M *Damvilliers*, rüe Simon le Franc, Tableaux & curiofités de toute forte.

M *Daurat*, Ifle Nôtre Dame, Tableaux modernes.

Mr *Dovin*, pres l'Hoftel de Bourgogne, Tableaux, Luts & Porcelaines.

M *Edeline*, dans le cloître S. Honoré, Tableaux &c.

Madame *L'Efcot*, fur le quay des Orfévres Tableaux anciens & modernes, Medailles des Imperatrices, &c.

M des *Effars*, rüe Richelieu, Tableaux Pierres & curiofités de toute forte.

Mr *Floriot*, Med. antiques, proche de Grêve.

M de *Furetiere*, Ifle N Dame Livres rares, Eftampes, & Bronzes.

Mr *Gamarre*, Lieutenant des Chaffes, rüe de Teranne

Teranne , proche la Charité , Tableaux anciens & modernes.

M^r de la *Garde*, Conseiller , rüe Sainte Croix, Tableaux modernes.

M *Gosseau* pres les Carmelites possede une curiosité *invisible* de fort beaux Livres d'Estampes &c.

M' de *Guenegaud des Brosses* , rüe du grand Chantier , Tableaux , Livres & Medailles modernes.

Mr *Hardy* , Conseiller au Châtelet , Livres rares, MS. & Medailles , contre S. Eustache devant l'Horloge.

M^r du *Harlay* , Procureur General au Parlement , rüe d'Orleans , tres belle Biblioteque, Medailles antiques & modernes , Agathes fort rares , & quantité de belles statues de Bronze antiques, & modernes.

M le Marquis *d'Hauterive* , Tableaux.

M *Heliot* , rüe des Rosiers , Tableaux modernes.

M^r *d'Herbelot* dans la place Royalle , Manuscripts Orientaux.

M le *Hour* , sur le Quay des Orfévres , Tableaux anciens & modernes.

Mr *Iabac* , rüe Neuve S. Mederic ; Tableaux anciens & modernes , & nombre de fort beaux desseins.

Mr *Iolly* , rüe S. Antoine , Tableaux modernes.

Mr *Iolly d'Oudeuil* , rüe des Blancs-Manteaux, Fleurs, Tableaux anciens & modernes.

Mr *Iustel* , sur les Fossés de Monsieur le Prince, ce, Livres, MS. & Médailles.

M^r de *Lamoignon* , Premier Préfident, Médailles antiques & Livres rares.

M^r la *Lande*, rüe S. Loüys, Médailles antiques.

M^r le Duc de *Liancourt* , Tableaux anciens & modernes.

M^r de *Loifeliere*, prés S. Iean en Greve , Tableaux, &c.

M^r le *Maire*, rüe S. Denys, Curiofités de toute forte.

Mr *Marchand du May* , rüe du Plâtre , Tableaux & Pierres d'Agathes.

M *Marchant*, Botanifte du Roy, rüe du Roy de Sicile, Plantes rares.

M^r de la *Marle*, rüe Beaubourg, Tableaux, &c.

M^r l'Euêque de *Mende* , Fauxbourg S. Honoré, Médailles antiques.

Mr *Mongobert* , rüe de l'Arbre Sec , Tableaux , &c.

M^r de *Montjeu* , Intendant de Monfieur le Duc d'Aumont , Médailles d'or tres - belles & autres.

M^r de *Montmor* , rüe S. Avoye, Tableaux, Livres, &c.

M^r du *Moulinet*, rüe S. Martin , Medailles antiques , & beau Bronze.

Le R. P. du *Molinet* , Religieux & Bibliothecaire de Sainte Geneviefve , Poids & Médailles antiques , Curiofités du Leuant, &c.

M^r le *Nautre* dans les Tuileries, Tableaux modernes, Bronzes, Eftampes & Vernis de la Chine fort rares.

M^r

Mr *Niceron*, Tableaux, Porcelaines, &c.

M^r le *Noir*, rüe Sainte Croix, Tableaux modernes.

Mr *Ourfel*, rüe Vivien, Tableaux anciens & modernes.

Mr *Paffard*, fur le Quay de la Megifferie, Tableaux.

M^r du *Pleffis*, rüe S. Martin, Médailles antiques.

Mr *Petit*, Machines & raretés de Mathematiq.

Mr *Poiret*, à S. Sauveur, Tableaux, Eftampes & Livres.

Mr *Quefnel*, aux P.P. de l'Oratoire de S. Iaques, Tableaux, Deffeins, & Eftampes.

Mr *Renard*, Confeiller prés le Chevalier du Guet, Tableaux & Médailles antiques.

M^r de *Richaumont*, en l'Ifle du Palais fur le Quay de Bourbon, petits Tableaux tres-fins & pierres Precieufes.

M^r le Duc de *Richelieu*, à la place Royale, Tableaux anciens & modernes.

M^r de *Seve* Confeiller d'Eftat, Médailles antiques.

M^r le Prefident *Tambonneau*, Fauxbourg Saint Germain, Livres rares, Tableaux & Fruits.

M^r l'Evêque de *Tarbe* proche la place Royale Tableaux & Médailles.

M^r le *Tenneur de Maubuiffon*, Tableaux modernes, Emaux, Bronzes, Eftampes. Ifle N. D. proche le pont de Bois.

Mr *Thevenot* au Village d'Iffy, Manufcripts Orientaux.

M^r

Mr *Tauernier* Baron d'Aubonne , Curiofités des Indes de toutes fortes,& Bijoux precieux,rüe du Colombier.

Mr *Tourtat* Tableaux , manches de Couteaux d'Agathe.

Mr *Tribou*, prés S. Germain de l'Auxerrois, Tableaux, armes des Indes,Coûteaux de Turquie & de Perfe.

Mr *Tronçon*, Livres rares , Tableaux & Médailles antiques.

Mr *Vaillant* Docteur Medecin , rüe S. Iaques, chez Mr Gayant , Médailles antiques & importantes.

M^l *Varenne*, prés la Monnoye, Tableaux & diverfes Curiofités.

Mr le Comte *de la Valiere* , Tableaux.

Mr *Vbin* Emailleur , rüe S. Denys , vis à vis la füe aux Ours,Thermometres, Barometres , Larmes d'Hollande & autres Curiofités.

M le Duc de *Verneüil* , rüe S.Antoine, Fleurs & Médailles.

Mr *Villain*, rüe S.Denys , Tableaux,&c.

M *Viuot* , rüe de l'Arbre Sec , Eftampes , Tableaux anciens & modernes.

M de la *Vrilliere* , tres-beaux Tableaux anciens & modernes.

MEMOIRE DE PLVSIEVRS CVRIEVX ET *Antiquaires, dans d'autres Villes de l'Europe.*

AIx. M.r *Viany* possede Livres & Manuscripts.

M.r *Bonfils* Chanoine Medailles antiques.

M.r le Prieur *Borilly*, Cabinet de toutes sortes de raretés.

M.r *Sibon* Advocat Medailles antiques, &c.

M. *Lautier* Maître Apothicaire belles Gravûres antiques, Medailles, Statues, &c.

M.r *Imbert* Tableaux.

AMSTERDAM. M.r Lucas *Occo* Advocat Medailles & Gravûres antiq.

M.r de Vitzen Tableaux & Medailles d'or & d'argent.

M.r *Schvamerdam* Pere, sur le Vervesgraf, raretés des Indes.

M.r *Schvamerdam* Fils, D.M. Curieux d'Insectes & d'anatomie.

ARLES. M.r *Terrein*, Conseiller, Medaill. antiques.

M.r Agard Orfevre Medailles Antiques.

AVIGNON. M.r *Beyrede* Tableaux & Medailles.

M.r *Gregoire* Orfevre Med. Antiq.

AVGSBOVRG. M.r *Verner* Peintre excellent, Tailles douces & Miniatures.

BASLE

BASLE. Cabinet d'Amerbach que l'Academie a acheté, Tableaux d'Holbens. MS. & Med.

Mr *Fefch* MS. Tableaux & Med.

Mr *Plater* Curiofités naturelles de toutes fortes.

BERLIN. Cabinet de *l'Electeur de Brandebourg,* Livres MS. Medailles &c.

BERNE. Mr *Morel* Eftampes & Medailles antiques.

BOLOGNE. D^{or}. *Capponi* Medecin, Medailles & Antiquités.

BRVXELLES. *Iefuites,* Livres & Medaill. Antiq.

Le Duc *d'Arfchot*, Tableaux, Statuës & Med.

CLERMONT. Le R. P. *Lacarry* Iefuite, Medailles.

Mr *Godard* Medailles.

COPENHAGVE. Cabinet du Roy de Danemarc.

Mr *Bartholin* D.M. curiofités naturelles, MS. &c.

Olaus Vormius a décrit fon Cabinet.

DRESDE. Electeur de Saxe, Livres, Medailles antiques, &c.

DVRLACH. Marquis *de Dourlach,* Medailles antiques, &c.

ENCHVSE en Hollande. Reftes du Celebre Cabinet du Docteur *Paludanus.*

FRANCFORT. Mr *Squelkens* Refident de l'Electeur Palatin, Tableaux, Eftampes & Medailles.

FLORENCE. Cabinet du *grand Duc*, Tableaux Medailles, Buftes & MS.

GRENOBLE. M^r de *Pluvinel* Confeiller, Medailles de bronze.

M^r

Mr *Chorier* Aduocat Curieux d'Inscriptions & de MS.

GOTTORF. Cabinet du Prince de toutes sortes de raretés, qu'*Olearius* a fait imprimer en Allemand.

HAMBOVRG. Cabinet de Mr Georges *Ludres* Medailles & autres Antiquités.

Mr *Fogelius* qui acheta à Lyon un Medailler du P. Compain, où il y avoit une Lampe antique treuvée à Lyon, au jardin de Mr Barra le Medecin, fort avant en terre avec des Medailles, laquelle étoit toute semblable à celles de Cardan, ce qui montre, ou qu'il n'en étoit pas l'inventeur, ou que du moins les Esprits se sont rencontrés en cela.

HEIDELBERG. Cabinet de l'Electeur *Palatin*, Médailles antiques d'or, &c.

Mr *Israël* Professeur en Medecine, Médailles antiques.

INSPRVCH. Cabinet de l'*Empereur*, Statuës, pierres Fines, Cristaux, Coraux, Médailles antiques, &c.

LEYDEN. Curiosités naturelles de l'Amphiteatre & du jardin Botanique, MS. Orientaux de *Scaliger* dans la Bibliotheque de l'Academie.

LONDRES. Cabinet du Roy, Tableaux, Médailles, &c.

Prince Robert, Machines de Mathematique & Astrologie.

Cabinet de la *Société Royalle*.

Mr *Boyle* Machines de Mathematiques.

M^r *VVllis*, de même.

M^r

Mr *Hovvard*, Cabinet de Curiosités.

Cheualier Cotton, M.S. & Antiques.

Milan. Cabinet de *Septala* Noble Milanois, imprimé en Italien.

Montbrison en Forests Mr de la *Mure* MS.& antiquités.

Montpellier. Mr *Ranchin*, Medailles Antiques.

Mr *Rey* Lunettes & raretés d'Optique.

Mr *Gilibert* le Cabinet de Cathelan.

Mvnich. *Electeur de Baviere*, Médailles d'or antiques.

Nevstad. *Duc de Virtemberg* Estampes & & Médailles.

Nismes Mr de *Guyran*, Doyen des Conseillers Inscriptions & Medailles antiques.

Mr *Grauerols* Aduocat, Medailles antiques.

Pragve. Cabinet de *l'Empereur*, MS. & Medailles.

Riom Mr *Chaduc*, Medailles Antiques.

Rome Cardinal *Boncompagnon*, Tableaux & Medailles.

Cardinal de *Maximis*, Médailles antiques tres-belles.

Chevalier *del Pozzo* Tableaux.

La *Reyne de Suede*, Tableaux & Medailles antiques rares.

L'Abbé *Brachesi*, Medailles Antiques.

Monseignor *Ginetti*, Medailles Antiques.

Augustini, Gravûres Antiques.

P. *Kircher* Iesuite, Talismans & Hierogly-phiques.

P. Azzelin

P. *Azzelin*, Medailles Antiques.

STOKOLM. Cabinet du *Roy de Suede.*

M *Grypiel* Senateur du Royaume, Médailles Antiques.

STRASBOVRG. Mr *Brakenoffer* , Curiofités naturelles & Monnoyes de toutes fortes.

STVCKARD. Cabinet du *Duc de Virtemberg*, Vafes precieux, raretés naturelles & Medailles.

TVRIN. *Duc de Savoye*, Tableaux, Médailles, &c.

VIENNE. Cabinet de l'*Empereur*, qui eft vn des plus beaux de l'Europe, MS. Médailles, Eftampes, Agathes, Buftes, &c.

VLME, Mr *Paour*, Marchand, Squelettes d'Animaux : Coquillages, &c. I'y a veu vn Fuzil qui fe charge par la feule compreffion de l'air & qui porte prefqu'autant qu'un chargé de poudre : ce qui eft affés rare en France. Il y en a un autre à Roüen chez Mr Doucet Marchand Droguifte, & Curieux.

Mr *Veichtman*. Cabinet de Curiofités naturelles dont le Catalogue eft imprimé en Allemand. Il a entr'autres vne Mumie entiere, ou un corps deffeché dans les Sables de l'Arabie, ce qui eft autant rare, que celles d'Egypte font communes.

Mr *Schermeyer*, Monnoyes & Médailles Antiques.

VENISE. *Rofini*, Noble Venitien, Statuës, Tableaux, &c.

VPSALE, Mr *Scheffer* Profeffeur, MS. & Médailles.

Zvrich, dans la Bibliotheque publique, MS. & Médailles.

M*r* *Lochman*, Curiosités naturelles.

M*r* *Henry Muller*, Curieux d'Inscriptions & de Medailles Antiques.

Pendant l'Impreßion de ce Livre j'ay treuvé quelques Inscriptions, qu'il faut remettre en leur place : & premierement deus Fragmens à la page 57. dans la Maison qui appartenoit il y a quelque tems à M*r* de Seve & maintenant à M*r* Mascranny.

I

```
...ETI IIIIII VIRI AVG. LVG.
....TON. FL. HERMETIS
....HERES  CVM SERE
....NEND. CVRAVER.
```

2

```
...........................
PATRI PIENTISS.
ET PERVINCIVS
PATERNVS
AVONCVLVS
DE SVO FECER.
ET SVB A. D.
```

Il faut icy remarquer le mot d'*Avonculus* pour *Avunculus*

Avunculus. On sçait que l'O étoit souvent mis pour l'V, comme *Diuos* & *Viuos*, pour *Divus* & *Vivus.*

Sur la Porte S. *Irenée* ce Fragment est dans le mur.

....IVI NVMIANVS

....FRATRI POSVIT

En allant au Cimetiere de S. *Pierre*, celuy-cy qui est de quelque Réceveur.

C. CARANTIO

IVNIANO

PROC......

Quelques - uns ont cru que ce mot
ATILLA,
qui paroit aussi là aupres en grosses lettres, étoit pour Attila qui fit autrefois bien du mal à Lyon; mais ce n'est que le reste d'un autre mot, & il y a les traces d'une R. qu'on y apperçoit encor.

En allant de *Trion* à *Grange Blanche*, au coin d'une Terre de Mr *Carles Loubat.*

          D.M.

```
      D.                        M
 I O V I N O   V A L E
 R I O N I  VET.  EX  LEG.
  I. M.  I V L I A   M A
 T E R N A   C O N I V G
 I   I N C O M P A R A
 B I L I   M E M O R I A M
 P O S V I T  E  M E D I O
 C R I T A T E  S V A  ET  S V B
 A S C I A   D E D I C A V I T
```

Veterano x Legione prima Minerviâ.

```
      A E T E R N A E
 S A L V I O   M E M O R I
 VET.  LEG.  I. M.  EX  OPTI
 O N E   E T   I S A T I A E
 C O N I V G I   E I V S   A L V
 D I S A S   VET.  LEG.  I. M.
 G E N E R O   E T   F I L I A E
 P I E N T I S S I M A E
        P O S V I T
```

Nous avons plusieurs Epitaphes des Soldats
de la premiere Legion , apparemment parce
qu'elle

qu'elle avoit quelquefois hyverné en cette Ville.

Cette façon de parler dans la premiere eſt aſſés remarquable. *Memoriam poſuit è mediocritate ſua:* qui témoigne que *Iulia Materna*, avoit fait ſes efforts ſelon ſa pauvreté de rendre les derniers devoirs à ſon Mary *Iovinus Valerion.*

Il y a encor une grande pierre tirée de *Péche-velin*, qui eſt couchée ſur le Quay du Rhône, plus loin que le Pont. On en apporta de là, quantité de cette ſorte, qui ont été miſes au fondemens du Parapel ; mais je ne croy pas qu'il y eut de l'Ecriture qu'à celle-cy.

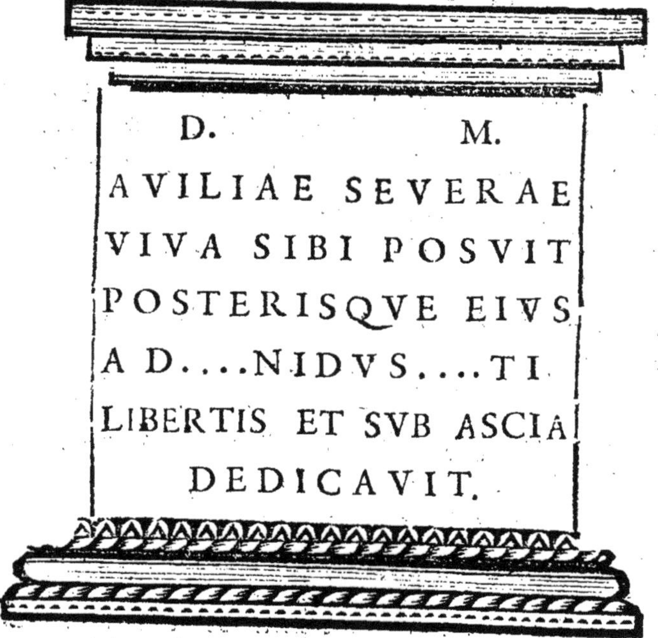

Comme il reſte encor quelque place, je ne veux pas oublier quelques Inſcriptions, qui ſe

font veües à Lyon. Les trois premieres font cités dans les lettres de Reinefius, & les autres
dans Gruterus, Gabriel Simeoni & Paradin.

1 D. M. *Æmiliæ Pedocillæ Libert. pientiſſima &*
L. Æmilio Mauro Liberto vivo poſuit & ſub
Aſcia dedicauit Æmilia Catidia poſuit.

2 D. M. *Et Memoriæ Æternæ Auſidi militaris.*
Qui vixſ. ann. 22. Cuius ſuprema talia fuerunt. Hic
iens in curam (fortè in curru vel in Curiam) *per*
Amnem Arar Subito caſu abreptus. Hunc tumulum
poſuit L. Ignius Charito Sororius eius & Claudia-
nus Dulcicius Soror. ſibi poſteriſq. ſuis & ſub Aſcia
dedicauit.

3 D. M. *Et Memoriæ Æternæ Arrio Atilio Hono-*
rato Lic. . . . . in Valeri verniorum . . . . . . nonariorum
Rapariorum procurante Felicia Felicula amica cha-
riſſima ſiue Felicius Romanus Libellicus ponendum
curaverunt & ſub Aſcia dedicaverunt.

4 L. *Atellius Stellatina Miles Prætorianus Co-*
horte III.

5 P. *Sextius Florus* ̄l̄ı̄ı̄ı̄ı̄ l VIR. AVG.
6 *Col. Iul. Aquis & Col. Iul. Arel.*

7 D. M. *Et Memoriæ Æternæ CL. Meſſoris &*
Fl. Dionyſidis Coniug. quæ ſibi viua poſuit vtriſque,
quæ vixit ſine vlla querella, quæ fuerat felix, ſi non
plena doloris, quæ filios duos caruit, cuius vnius Nati
mortem non inter fuit longéque peregréque mater Or-
fana viua ſibi & ſuis poſuit & ſub Aſcia dedicauit.

8 *Deo Inuicto Aur. Secundinius donatus Frumen-*
tra. C. & Comment. V. S. L. M.

9 *Memoria Perenni Quieti Æternæ Tertiniæ*
Victorinæ

Victorinæ Feminæ rarissimæ Stolatæ quondam spirito incomparabili Tertinius Seuerianus 7. Leg.11.Aug. cum Paternia Victorina & Tertinia Tertina Filiis P.C. & S. Af.D.

Centuriæ Legionis, secundæ.

D.M.M. Iustini Marcelli Infantis dulcissimi qui vixit annum vnum dies 47. M.Iustinus Secundinus & Primania Marcellina Patres amissione eius orbati P.C. & S. A. D. 10

D.M. Et Memoriæ Albani Potentis Vet. Leg. XXII. P. F.Florentina Lupula Coniugi & Albanius Pertinax Patri P. C. & sub Ascia Dedicauit. 11

D.M. Et Memoriæ Æternæ Attoni Constantis Vet. Leg.22.Premissus honestâ missione castris inter ceteros Conueteranos suos reuocatus quique bello obiit, Attia Florentinæ Coniugi Carissimo & sibi viua ponendum curauit & S. A. D. 12

Memoriæ A. Vitelly Valeri hic annorum X. in studiis Romæ Dis parentes Nymphius & Tyche vnic. & Carissimo Fi. 13

M.Curvelius M. Fil. Anienf. Robustus Mil.Cohort.1.Fauiæ Vrban.Ↄ. Ierenni Testamento sibi fieri iussit. H.P.C. 14

D.M. Rusp. Atrophili Rufon.Senator Colliberto de se bene merenti in suo posuit & S. A. D. 15

D. M. Et Memoriæ Æternæ T. Flavi Felicis artis Lintiariæ qui vixit annis 20.... 16

T. Marius Martialis Trib. Leg.35. Mariæ Niseni Libertæ & Coiugi carissimæ faciendum curauit. 17

D.M.Et Memoriæ Æternæ Aureliæ Cattæ Quæ vixit annis XXIIII.Menf.VIII.Dieb.V.sine vllo iurgio Aurelia & Irenæus Coniugi Carissimæ posuere. 18

Minerva M. Polionis F. 19

Valeriæ

20 *Valeriæ Nocturnæ Coercues eius & Liberti Pa-*
tronæ Incomparabili P.C. & Sub Ascia dedicauer.

21 *Perpetuæ Securitati & D.M. C.Claud. Libera-*
lis & Liuiæ Ianthes Cl.Traianus Fil. Parētibus,&c.

22 *Et Memoriæ Æternæ Decmiæ Decmilla ciuis*
Sequanæ. *Seq. Femin.Sanctissimæ Decmius Decmanus Frater*
& Silvinius Balbinus Maritus P.Curau.& S.A.D.

23 *Et Memoriæ Æternæ Dunni Palliati quondam*
Augustius Augustalis Tutor Conniuente Dunnio
Restituto Fratre eius & herede Ponendum curauit
& sub Ascia dedicauit.

14 *D. M. Et Quieti Æternæ Aur. Hermetis Lib.*
Augg. NN.DD.Tab. Omini Dulcissim. Q. Valeria
Martina Coniugi Karissimo de se B.M.P.C. & po-
sterisque suis & S. D.

25 *D.M. & Memoriæ Æternæ Saluiorum Asteris*
& Victorinæ coniugi eius & Victorin. Filiæ eorum
Douiccus Lib. Pon.curauit sub Ascia dedic.

26 *D. M.Et Memoriæ Æternæ Cornelio Victori*
Vet. Leg. XXI. Cornelia Paulina Coniugi, &c.

27 *D.M.Et Memoriæ Æternæ Aur.Callistes quæ*
vixit ann.XXIIII. Men.VIII.dieb.V.sine vllo iur-
gio Aureliæ II. Bye Pater Semne Mater & Egn.
Irenæus Coniugi Karissima posuere.

28 ΕΥΘΥΜΕΙ ΚΑΛΛΙΣΤΗ ΟΥΔΕΙΣ ΑΘΑΝΑΤΟΣ.

29 *Cn.... Anno se.... Vespasiani vit. Imp. Aug.F.F.*
Gallia.

30 *Cacurom Sattonis Treueri annorum XVII. Sini-*
lis tunc viuus

31 *Deo Marti. Aug. C. Titius Decuminus*
V. S. L. M.

Le R.P. *Mascranny* vient de m'indiquer tout à
propos

propos, avant la conclusion de ce Recueil, une Inscription qui est au Iardin de Messieurs ses Freres, à cette belle Maison rouge de Bellecour, où le Roy logea, quand il fut à Lyon l'an 1659.

Lucius.

IVLIA. ADEPTA

HIC. ADQVIESCIT

L. IVLIVS CVPITVS

MATRI ET SODALES

DE SVO ET PERPETVA

FIL.

Il faut confronter cette Epitaphe, avec celle que nous avons cité à la page 22. que je reconnois maintenant avoir été faite pour *Nobilis*, mary de *Iulia Adepta*, laquelle a de même icy son monument que *Lucius Iulius Cupitus* son Fils, & *Perpetua* sa Fille avoient eu soin de faire dresser.

Sodales sont peut-estre les Compagnons Ouvriers, qui étoient employés à la Monoye, dont le Pere avoit la direction.

Mais comme ces deux Tombeaux sont de la même pierre, de la même forme, dune grandeur égale & de Characteres tout semblables, il y a apparence qu'ils ont été autrefois mis l'un pres de l'autre: & comme celuy-cy est plus net, il m'a fait faire une nouvelle reflexion, dont je ne m'etois

Q   pas

pas avisé en voyant la premiere. C'est que cé Maître des Monnoyes appellé *Nobilis*, ne vivoit pas sous *Tibere*, le 3. Empereur ; mais sous Tibere du bas Empire qui étoit Chrétien, & qui regnoit à la fin du sixiéme Siecle, & les raisons que j'en ay, sont qu'ils n'ont pas le bon gout de la Sculpture des premiers Siecles, & que soit pour la pierre qui est mollasse, soit pour la forme & pour les ornemens d'alentour, ou même pour les lettres & pour les lignes qui ne sont ni bien formées, ni bien compassées, il est constant que ces Inscriptions degenerent dans la mauvaise maniere de ces tems-là, quoy qu'elles soient d'ailleurs considérables, par la connoissance de cette qualité du Maître des Monnoyes, & de sa Famille qu'elles nous enseignent. Et comme cét Officier vivoit sous un Empereur Chrétien, je ne doute point aussi qu'il ne le fut, ne voyant en l'une ni en l'autre, aucune marque du Paganisme, *Diis Manibus*, ou *Memoria Æterna* : mais seulement selon la simplicité des premiers Epitaphes du Christianisme. *Nobilis Seruator Æquitatis Moneta hic adquiescit*, &c. *Iulia Adepta hic adquiescit*, &c.

En voicy une qui vient d'être découverte dans la Chûte d'un ancien bâtiment de Sainte Colombe, & que Monsieur de Foissy garde maintenant à Vienne dans son Cabinet.

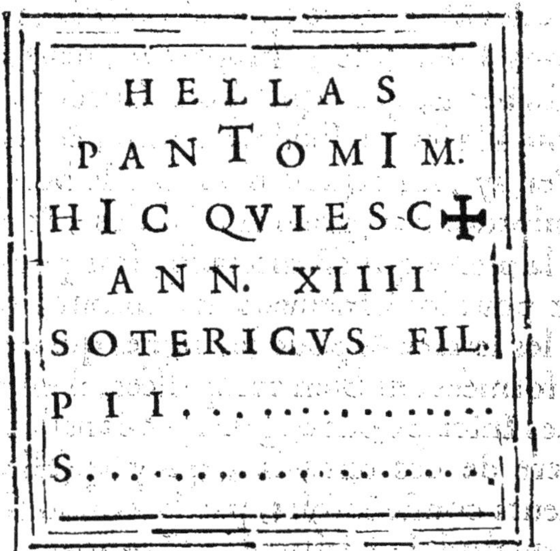

Vienne étoit aussi bien que Lyon peuplé de Familles Grecques, comme de ces deux Personnes *Sotericus* & *Hellas*, dont le dernier est qualifié du tiltre de Boufon de Theatre ou Comedien, que les Romains appelloient *Pantomimi*.

Corrections & Additions.

*Pag.*6. Le dernier distiche de cette Epigramme n'est pas de *Scaliger* : mais de M. Falconet D. M.

*Pag.*20. lign.24. *Anicium* est la Ville du Puy, & *Anisiacum* peut-être la même chose; car Annecy n'est pas fort antique.

*Pag.*23. lign.18. lisés l'Ange Gabriel.

*Pag.*78. lign.19. ajoutés & à Beaunan, où il y a de fort belles arcades, dont quelques-unes sont l'une fur l'autre , de la maniere du Pont du Gar.

*Pag.*81. l.9. lifés, M. le Préfident de Langes, Seigneur de Laual, dont la Famille de Meffieurs de Seve qui eft entrée dans cette Alliance & qui en a herité les tiltres & les biens, poffede encor les plus illuftres Charges de Lyon.

*Pag.*87. lign 17. lifés laiffé échapper, ou fe foit mépris en quelques mots.

*Pag.*124. lign.7. la Porte S. Marcel étoit vers les Carmes, & le foffé par rüe Dubois.

*Pag.*154. lign.14. c'eft le nom de Dieu qui eft gravé fur cette Pyramide en plufieurs langues.

Pag. 185. lign 8. On m'a donné avis que cette Maifon a été bâtie par feu Monf. de Boiffac, auffi bien que toute cette rüe , qui porte fon nom , & une grand partie des Maifons de ces quartiers , dont il avoit la directe Monfieur Iove n'avoit fait que quelques reparations à la maifon.

Le Lecteur corrigera, s'il luy plaift, quelques legeres fautes d'Impreffion que l'on ne fçauroit éviter , malgré tous les foins qu'on en prend.

TABLE

TABLE DES PRINCIPALES MATIERES.

De

Table.

Saint

Table.

FIN.

9 782013 607971